こじれた仲の処方箋

WHY WON'T YOU APOLOGIZE ?
Healing Big Betrayals and Everyday Hurts
Harriet Lerner, Ph.D.

ハリエット・レーナー 著　吉井智津 訳

TOYOKAN BOOKS

はじめに

この本では、謝罪が持つ力と人が謝るときに陥りやすい問題の両方を扱う。ほんの一部だが、本文で取り上げるトピックのいくつかを、まずここで紹介しておこう。

＊自分の言葉や行動が誰かを傷つけてしまったときに、自分が負うべき責任や、悪かったと思う気持ちをはっきりと伝えることが難しいのはなぜか？

＊〝絶対に謝らない人〟はなぜ謝らないのか？　〝謝りすぎる人〟が女性に多いのはどうしてか？

＊悪いことをする人ほど、素直に罪を認めないのはなぜか？

＊誰が何に責任を持つのかを整理する方法は？

＊傷つけられた側の人が、意図せずして、傷つけた側の人の自己防衛の壁を厚くし、謝りたくない気持ちを強める一因となってしまうのはなぜか？

＊悪いことをした相手が事実をゆがめたり、責任の所在をすり替えてしまったときに、どうすれば気力のそがれるような怒りと苦痛を乗り越えることができるのか？

＊別れた元夫（またはそれ以外の誰でも）を憎みつづけるのをやめられない、本当の理由とは？

おそらく謝罪を語るなかで、もっともつらい問題は、悪いことをしても悔い改めない相手といかに折り合いをつけていくかだろう。これは、許しが既定の解決法となってしまっている人間社会にとっての普遍的な問題に思える。それでもこれから見ていくように、強迫的な怒りや苦痛から自分を解放するために、自分を傷つけた誰かを許す必要はない。実際のところ、許しを強要するような圧力に、勇気を持って抵抗することも必要だ。

謝罪し、壊れた関係を修復するプロセスは、謝る側と謝られる側のどちらを考えてみても、人間だけに必要とされる営みだ。私たちは、(人それぞれの言葉の定義はどうであれ）正義と公平さを求めるようにできているため、受け取るべき心からの謝罪を受け取ったときには、深く心に触れるものだ。また、私たち人間は不完全なものであり、間違いや自己防衛にも陥りやすい。だから、心からの謝罪をするという課題は、ほぼどんな人間関係においても存在するのである。

私たちは皆、ときに加害者になったり被害者になったりしながら、死ぬまでの時間を過ごす。そのような人生であるからこそ、ものごとには修復できる可能性があると知っていれば、また、少なくとも修復のためにベストを尽くせたとわかれば、私たちは安心できるのではないだろうか。

CONTENTS

CHAPTER
06

謝罪を導く立ち回り方　112

CHAPTER 01

「ごめんなさい」にもいろいろある

「ごめん……でも、ぼくに妻と子どもがいるかって、きみは一度も聞かなかったよね」――これは私の友人ジェニファー・バーマンの漫画に出てくる〝言い訳の多い男〟の台詞だ。また、ニューヨーカー誌に掲載された別の漫画[*1]には、大きくなった息子に向かって父親がこんなことを言う場面がある。「ごめんな。本当はおまえの晴れ舞台を見に行きたかったよ。でも、足がつってしまってな。そのあと店でいろいろあって……とにかく、わかってくれるよな」

どちらもナンセンスとしか言いようがないのだが、謝ったすぐあとで、それを帳消しにするような言い訳を耳にすることはよくある。せっかくの謝罪も、それでは満足させるものにはならないし、じつのところ、それはかなりの害になる。

私は謝るということについて——そして、男女問わずそれができない人々について——20年以上研究を続けてきた。もちろん、誰もが謝罪の専門家になって、当然なされるべき謝罪がないのはどんなときかや、相手が謝っているのに嫌な気持ちになるのはどんな場合かを理解するべきだと言いたいわけではない。せっかくの「ごめんなさい」の言葉も、誠実さが伴っていないときや、続けるのがつらい会話を終わらせる方法として安易に使われるとき、あるいは正当化や言い訳の手段として使われるときには、力を発揮しないということを伝えたいのだ。

一方で、よい謝罪にはすぐに感じとることのできる癒やしの力がある。誰かが心からの謝罪の意を伝えてくれたときには、安堵し、気持ちが慰められる。心に抱えていた怒りや敵意が溶けてなくなっていくのが感じられる。自分が謝るべきだとわかっているときに謝るのも、やはり気持ちがよい。間違ったことやひどいふるまいをしてしまったことで、途切れた関係を修復できるのはとてもうれしい。とはいえ、誰だっていつもうまく謝れるわけではない。たとえば、個人的な話をすると、夫のスティーヴに対して謝ろうと思うのは、私に責任がある部分についてのみだ。もちろん計算のうえでそうするのであり、スティーヴのほうにも、彼に責任がある部分については謝ってくれることを期待している。当然ながら、そういった計算はそれぞれの頭の中でしていることであって、たがいの頭の中は同じではない。

私たちは皆、相手や状況によってうまく謝れないことがある。何についての謝罪なのかによっても、簡単に伝えられる場合とそうでない場合がある。たとえば、隣人に借りていたタッパーウェアを返し忘れていたのを謝るのと、その人の夫と寝てしまったことを謝るのではわけが違う。気づかずに犯してしまったちょっとした過失なら、シンプルに、心から「ごめんなさい」のひと言を伝えるだけで十分かもしれない。しかし、気づかずに犯してしまうちょっとした過失の全部がシンプルかというと、そうでもないものなのだ。

この本では、本当に意味のある謝罪とはどんなものなのか、そして責任の所在がすり替えられたり、曖昧だったり、明らかに意地悪だったりといった、困った謝罪の読み解き方を考えていきたいと思っている。よい謝り方のハウツーを示すだけでなく、シンプルな謝罪がどれほど重要か、そしてそれに失敗してしまうことが多いのはなぜかを示す事例も用意した。また、許しへの扉を開き、このうえなく困難な状況においても癒やしの力を発揮する勇気ある謝罪についても見ていきたい。

本書の内容はずるい謝り方や不誠実な謝り方をされて、あるいはまったく謝ってもらえなくて傷ついたり、怒りを抱えたりしている人にも向けられている。苦しむ人の気持ちがわからない人から、侮辱されたり傷つけられたりしたときはどうすればよいのか。そういうときは会話のトーンを変えてその場を乗り切る必要があるが、そのためには学んでおくべき必要なステップがある。しかし、また別の状況では、こちらが何を言ったところで、のれんに腕押しどころか、無駄骨を折るだけになってしまうこともある。実際、こちらに及ぶ害が深刻なときほど、相手が良心の呵責を感じていることは少ない。では、そういう場合、傷ついた側の人間はどうしたらいいのか？

謝罪して和解するというプロセスには、当事者同士がペアを組んでダンスを躍るような難しさがある。私たちは皆、たがいに相手の動きを考えながらステップを踏む。まずは手始めに、さまざまな謝罪の種類を簡単に見ていこう。

【簡単】人間関係をスムーズにする謝罪未満の「ごめんなさい」

いちばんシンプルな謝罪は、誰かのせいで何かが起こったわけではないときに伝えられる「ごめんなさい《アイム・ソーリー》」だ。この言葉を口にするとき、私たちは謝罪としてそれを口にしているのではなく、どちらかといえば、相手の痛みに対する同情的な反応として（〝お気の毒さま〟）だったり、不便な状況に対する言い訳として（〝遅れてごめんなさい。高速が渋滞してて〟）発せられることが多い。ここでいう「ごめんなさい」は、相手の人が困難な状況に置かれていたり、経験したりしたことを私たちが認識し、それを気にかけていることを示すために使う言葉だ。

　こうした場面において、「ごめんなさい」を言うのに、それほど努力は必要とされないが、それを言わないことは、ちょっとした手落ちではすまされない。人生とは難しいもので、見知らぬ人とのわずかな時間の交流でも、あなたの一日を明るくしたり、逆に真っ暗にしたりすることはある。スーパーマーケットで、前から来た女性があなたにカートをぶつけそうになったのに、見上げることとすらせずに行ってしまったからといって、それであなたがひどいうつ状態に陥ってしまうとかいう話ではもちろんない。その女性が謝らなかったのは、気がついていなかったからかもしれないし、何かで頭がいっぱいだったとか、恥ずかしくて目を合わせて話すことができなかったからかもしれない。だが、どんな理由があったにせよ、あなたにとっては気分のよくないことであり、よくない気分はしばらく続く。ときに、謝るべきときに人が謝らないことは、その人がしたこと以上の精神的打撃を与えるものになる。

人間関係についていえば、「ごめんなさい」を言わないことによって、関係が損なわれることはある。それは、たとえ誰かのひどい態度が、どちらの責任でもないことが明らかなときでもそうだ。

CASE 01

「ごめんなさい」のひと言がないだけで傷つく

ヨランダは私のセラピーの患者さんのひとりだが、病院でのこんな体験を話してくれた。検査衣を着て、検査室の冷たい椅子に腰かけて担当医師を待っていたときのことだ。そのときすでに、予約の時間から1時間が過ぎていた。

「それで、ようやく先生が来たんです」。ヨランダは、明らかにいらだった様子で、こう話しはじめた。「何も言わないんですよ。ごめんなさいのひと言もない。この先生は私を人として見てないのだなと感じました。それで、あとになって、過敏になりすぎた自分が嫌になったんです」

過敏になった自分の行動を疑問視し、嫌な気持ちになるというのは、とくに女性によくあることで、本当は感じて当然の怒りや傷ついた心を不適切と見なしているということだ。病院の検査室に入ったことがある人なら、自分は弱いものだと患者が感じるのはわかるだろう。だが、ある特定の文脈で、他人よりも自分が弱いもののように感じることがあったとしても、その人がどんな場合にも弱いとか、取るに足らないとかいうことにはならない。

ヨランダは、医師が遅れてきたのはゲームをしていたとか、友達にメールをしていたからだと疑っているわけではなかった。ただ、こういう言葉が聞きたかっただけなのだ。「お待たせしてすみません。前の患者さんの診察が、予定より長引いてしまって」と。ヨランダの担当医師が、時間に遅れたことにさえ触れなかったことは、彼女が大いに頼っている人との関係に大きな亀裂をもたらした。シンプルな「ごめんなさい」をひとつ言うことさえできていたなら、ヨランダも、尊重され、気にかけてもらい、存在を認めてもらっている気持ちになれただろう。

【ふつう】悔やんでいることについての「ごめんなさい」

謝罪というのは、自分の側に謝るべきことがあり、かつ過去のおこないを悔やんでいるときには、そうでないときより難しくなる。そういう場合、短く、かわいらしい、素直な謝罪の言葉が、とても重要になってくることがある。

CASE 02

長く気まずい関係の妹にメールで謝罪を切り出す

セラピーの患者さんにデボラという女性がいるのだが、彼女は自分が論文発表をすることになっている大きな会議があって、妹のスカイの結婚式に出席することができなかった。会議の予定は、スカイが式の日取りを決めるずっと前からわかっていたことなのだが、それにもかかわらず、姉の出席を期待し、かつ結婚式はその日でなければならないと譲らない妹の態度にデボラは腹を立てていた。だが、結婚式の当日になって、デボラは自分の選択を後悔した。こんな大事なときこそ家族と一緒に過ごすべきだったと思ったのだ。

そのまま時は過ぎたが、その出来事は姉妹の両方にとってわだかまりとなって残った。最初、デボラにはスカイに謝る気はなかった。ひとつには、スカイのほうが謝るべきだと思っていたからだ。「言い訳の余地はありません」とデボラは私に言った。「だって、私のスケジュールをまったく考慮することなく、式の日取りを既決事項として伝えてきたのですから」。あとになって、会議を選んだのは大きな間違いだったと気づいてからは、また別の理由でデボラはその話を持ち出すことができずにいた。謝るとかえって問題を大きくしてしまい、ふたりとも気分が悪くなると思ったのだ。

さらに年月が過ぎ、妹への愛着の気持ちが突如湧いてきたのに気づいたデボラは、思い立ったようにスカイにメールを送った――「言ってなかったけど、結婚式に出られなかったことで、ひどく嫌な気持ちになったし、それに自分の選択を後悔したの。会議で論文を発表をしたあの日、私は心の中で、ここでいったい私は何をしているの？ってずっと考えてたわ」。すると、スカイからはこんな返事が返ってきた。「ええ、デボラ、あなたって本物の大ばか者ね(^_^)」

一般的にメールは謝罪を伝えるときにはよい手段にならない。だが、この場合は、このやりとりのあと、どれほどふたりのあいだでものごとが軽くなったかと、デボラは話してくれた。「なんていうかちょっとした信頼とか近さとか、私自身、失くしていたことさえ気づいていなかったものが修復された気がします」

【難しい】過去を蒸し返し、相手の人生に立ち入る「ごめんなさい」

もっと別のやり方をすればよかったと思う過去のことについて、会話の口火を切り、謝罪をするには大変な勇気がいるものだ。私たちはたぶんみんな、他人のことに立ち入りすぎたくはないし、こちらの謝罪がどんなふうに受けとめられ、その次に何が起こるかが心配だったりするものだ。だから相手がその話題を持ち出さないのであれば、こちらも持ち出すべきでないと思ってしまうかもしれない。しかし、このあと紹介するマーガレットのケースが示すように、過去の行動で、後悔していることがあるのなら、それについて話す機会の扉はあけておくのがいちばんんだ。

CASE 03

感情を表に出せなかったことによる誤解を解きたい

マーガレットにはエレノアという娘がいる。エレノアはシングルマザーで、2人目の息子のクリスチャンを、生後16日目で亡くしてしまった。マーガレットは、エレノアがほぼ病院で過ごした2週間のあいだ、生活の面においていろいろと手助けをしていた。当時3歳だったエレノアの長男の面倒を見ながら、家事も引き受けていた。

ただ、マーガレットは感情をあまり表に出すほうではなかった。非常に英国的ともいえるのだが、彼女は人生の苦難に対して〝取り乱さない、騒がない〟態度で臨み、また〝いらいらしないでコツコツと〟ものごとを進める文化的伝統にしたがっていた。娘には大きな愛情を感じていたが、エレノアが悲しみから抜け出せなくなってはいけないと思っていた。それに孫を失った自分の深い悲しみから逃げたい気持ちもあった。エレノアと自分を守りたいという思いから、自分の痛みを表現することも、娘がこの深い喪失感にどう対処しているのかを問うこともできずにいたのだ。そして、エレノアが泣いたり沈み込んだりしているのを、ほんの数回目にしたときには、「あなたの息子はあなたを必要としているのよ。この子のために強くなりなさい」というような声のかけ方をした。

10年がたったころ、マーガレットの同僚で友人のジョージに息子が生まれたが、死産だった。その出来事が引き金となり、孫のクリスチャンが生きられなかった人生に対する、心の底に埋もれていた思いがマーガレットの胸に込み上げてきた。また、周囲の人々からジョージに注がれるあふれるほどの愛情と思いやりの気持ちを、彼が心を開いて受けとめる姿を見ているうちに、マーガレットの中で何かが動いた。そしてはじめて、クリスチャンの悲劇的な死に対する自分の反応を、はたして娘は肯定的にとらえてくれていたのかどうかが疑問に思えてきた。

それから何日もたたないある日、地方紙の一面に、予期せぬ死についての記事が掲載された。自分でも驚いたことに、マーガレットは勇気を出して、エレノアにその記事を読んだかと尋ねてみた。併せて、彼女はクリスチャンのことをいつも思っていたとも話した。マーガレットは、なんと言えばいいのかわからなかったし、エレノアの気分を害してはいけないと思って、自分の気持ちを一度もきちんと話さなかったことを悔やんでいると伝えた。これは自分たちの人生に起こったいちばん悲しいことで、こんなに大切なことだというのに、いままできちんと話す機会をつくらなくて申し訳なかったとエレノアに伝えた。

エレノアの最初の反応は予想どおりだった。「お母さんにはどうすることもできなかったのよ」。抑揚のない声で彼女はそう言った。「もとに戻そうと思ってできることではなかったの。だから心配しないで」。エレノアはやはりこの母の娘だった。


謝罪のいちばん興味深い部分は、謝ったあとの出来事に現れることが多い。ふたりとももうその話題には触れることはなかったが、最初の気まずさが過ぎると、そのことを話せてよかったという気持ちになってきたのだと、マーガレットは話してくれた。何カ月かたって、クリスチャンの命日が近づいたころ、彼女はクリスチャンの墓に花を供えたい気持ちになってきたという。クリスチャンの墓を訪れるのは葬儀の日以来だった。このことを何気なくエレノアに話すと、エレノアは当然のように自分もそうする予定だという返事を返してきた。そして、もしマーガレットが望むなら、一緒に車で行こうと誘ってくれたのだという。

この10年のあいだ、エレノアが毎年2回墓参りをしていたことを、墓地へ向かう車の中でマーガレットははじめて知った。クリスチャンの小さな墓石のそばに、ふたりならんで立ったとき、マーガレットはすすり泣きを始めた。突然の感情の高まりに、自分でも驚いたのだそうだ。クリスチャンの死のことで、それまで一度も泣いたことはなかったし、そのほかのことでも泣くことなどないのだから。それ以上に予想していなかったのは、エレノアが彼女の肩を抱き、一緒に泣きはじめたことだった。

マーガレットにとって、謝罪は大きなリスクに感じられた。ほがらかにふるまう以外に感情を表に出すことをよしとせず、ものごとをこなす能力と独立（他人を必要としないことと定義される）を、信心深さの次に重視する家庭で育った彼女が謝るためには、弱さをさらけ出し、未知の領域へと大きな一歩を踏み出すことが求められた。ロールモデルとなる人を知らない彼女が、新しい道を切り開いていくためには、大きな勇気が必要だったのだ。

CHAPTER
02

人をいらつかせる謝り方

善意があっても、謝り方を知らない人は多くいる。その人たちは「ごめんなさい」とは言うけれど、それで相手の態度が軟化しない理由が理解できない。下手な謝り方には共通する要素があるのだが、それを理解しておくことは、うまい謝り方を知るための基本として重要だ。[*2]

効果的な謝罪をするには、適切な言葉を選び、間違った言い方を避けるだけでは足りないが、それでも基本を押さえておくことは役に立つ。まずは、《下手な謝り方入門》とでも言うべき、謝罪を台無しにする5つのパターンをご紹介したい。そのあとで、ひどく困難な状況でも許しと癒やしへの扉を開くことにつながる、勇気ある謝罪の事例を見ていくことにしよう。

【その1】言い訳の畳みかけ

傷ついた側の人は、何をおいてもまず心に響く謝罪の言葉を聞きたいと思っている。そこで、誠意を持って謝罪を伝えたとしても、そのあとにすぐ「でも」と続けてしまうと、せっかくの誠意が帳消しになってしまう。だから、このタチの悪い小さなつけ足しには注意が必要だ。それをしてしまうと、ほぼどんなときでも言い訳に聞こえるか、せっかくの謝罪のメッセージがなかったことにさえなってしまう。「でも」以下が本当であるかどうかは関係ない。それは本質的に「全体的な状況をふまえれば、私の無礼（あるいは遅刻、嫌味な言い方など）は、そこそこ理解できる範囲のものだ」と言っているのと同じなのだ。

CASE 04

注意したほうが悪者になってしまった

私の友人のドロレスの話だが、以前こんなことがあったそうだ。家族の集まりでみんなが慌ただしく動き回っていたとき、妹ひとりが何もしようとせず、座ったままでいることに彼女はいら立っていた。それで、ある時点でしびれを切らし、みんながいる前で「あなたはこのパーティーのご来賓じゃないのよ」と批判を始めてしまった。「食洗機にお皿を入れたら、あなた死ぬわけ?」と。当然ながら、よい結果にはつながらなかった。妹はその場を立ち去り、その日は集まりが終わるまでおたがいを避け合うことになってしまった。

ドロレスはひどく荒れた気分になって帰宅した数日後、妹に電話をかけ、言いすぎたことを謝った。「あんな言い方をして悪かったわ。でも、あなたがじっと座っているあいだ、私、ほんとに大変だったのよ。子どものときもそうだった。喧嘩になるのが嫌だったから、ママがあなたに何もさせないそばで、私ばっかりがお手伝いさせられてたのを思い出すわ。失礼なやり方で申し訳なかったと思ってる。でもあの場でどうすべきだったかって考えると、誰かが言わなきゃならなかったんだよね」

「それでは謝っていることになってないわね」と、私は指摘した。しかし、ドロレスは、妹の反応は前向きでない、と不平しか言わなかった。そのときの出来事に対して大きな怒りといら立ちを抱えたままのドロレスにとって、心から謝罪するのはとても難しいことなのは理解できる。だが、妹のほうはもう一度傷つけられたように感じたのではないだろうか。ドロレスの謝罪には、家族の集まりで妹が甘やかされた子どものようにふるまったというだけでなく、生まれてからずっと彼女はそうだったという含みがあったのだから。それに「どうすべきだったかって考えると、誰かが言わなきゃならなかった」は、嫌味にしか聞こえない。

もしもドロレスが、単純に、あのときは失礼なことをした、それに言いすぎたとだけ言っていたなら、妹ももっと素直に謝罪を受け入れることができただろう。もっとシンプルに謝罪の気持ちを伝えていたなら、妹のほうも守りの壁を厚くすることなく、家族の集まる場での自分の行動がどうだったかを振り返ることができたかもしれない。

もちろん、ドロレスのあの言葉は善意から出たものだった。「あのときどうしてあんな過剰な反応をしてしまったのか、背景を妹に伝えようとしたんです」。彼女はそう説明した。「妹が腰をあげないことに対して私がとってしまった行動は、ずっと昔からの積み重ねだったということをわかってほしかったんです」

いいだろう。だが、それはまた別の話であり、タイミングを見ながら作戦を練って、また別の機会に話せばよいことだ。最良の謝罪とは短く伝えるもので、それを帳消しにするような説明が続いたりはしない。謝罪は、その背景にある問題に対処する唯一の機会ではない。それは将来のコミュニケーションの基礎を築くための機会なのだ。この違いは大きいが、よく見逃されてもいる。

【その2】お気持ちに気づかなかったアピール

「ごめんなさい、あなたがそんなふうに思っていたなんて」という言い方もまた、謝っているようで謝ったことになっていない。真の謝罪とは、自分のしたことから焦点をずらすものではない。ましてや、相手の反応に焦点を移すなどもってのほかだ。

CASE 05

まったく謝られた気がしない謝罪

これは私が経験した、ちょっと頭のおかしくなるような出来事だが、皆さんも一緒に考えてみてほしい。レオンは、私に講演依頼をしてきたある組織のプロモーション担当者だ。その組織が持っていた私の写真が20年ほど前の古いものだったので、講演に先立ち、「こちらをお使いください」と言って、最近撮った写真を送った。講演当日は、できるだけ写真に自分を近づけようとがんばって現地に赴いた。

ところが、ウェブサイトに掲載されていたのは古いほうの写真で、当日の配布資料にも（差し替えを依頼したにもかかわらず）古い写真が使われていた。たぶんたんなるケアレスミスだったのだろう。でなければ、演者が若いイメージのほうが、客が集まると考えたのかもしれないが。この件で、レオンと交わした最後のやりとりは、こんなふうだった。

私　何があったのでしょうか？　ウェブサイトに使用されたのは20年前の写真です。この件について、差し替えをお願いしていましたが、パンフレットにも同じ写真が使われています。

レオン　写真は私のパソコンにあったものを使用しました。全ての細かなところまで注意を行き届かせるのは無理な話です。私は完璧ではありません。

私　完璧かどうかの話をしているのではありません。最近の写真を使いたいだけなんです。

レオン　申し訳ありません。あなたにとって写真はとても大事なものなのですね。参加者の皆さんは、あなたが思っておられるほど、あなたがどう見えるかは気にしていないと思うのですが。

私　大事なのは、これを使ってくださいとお渡しした写真を使っていただくことです。

レオン　わかりました。謝ります。写真のことで嫌な思いをさせて申し訳ありませんでした。そこまでお気になさる問題だとは知らなかったものですから。

レオンは心からの謝罪をする人ではなかった。自分がすると言ったことをしなかったのを棚に上げて、私の細かさや虚栄心こそが責められるべきだとして、私を問題そのものにしようとしたのだ。もしも彼が私のセラピーの患者だったら、単純な間違いの責任を回避するためにに現実をごっちゃにする彼のやり方がおもしろいと、客観的な関心を持って目を向けるだけだっただろうと思う。だが、私は彼のセラピストではないので、相手に対する敬意のなさと自分の無能さと自己防衛の気持ちをごちゃまぜにした彼のやり方には腹が立った。あれならむしろ謝ってもらわないほうがよかったくらいなのだ。

その後もまったく気にしている様子はなく、ウェブサイトの写真が差し替えられることもなく、そのうえに、取るに足らないようなことで大騒ぎをした私に非があるみたいに問題がすり替えられてしまったのだから。もしかしたら、レオンは自分が悪いことをしたことは十分にわかっていて、それでも責任を取りたくなかったということなのかもしれないが。とにかく、レオンがこの出来事をどう認識していたにせよ、責任を相手に転嫁するような誠意のない謝罪は、無神経な態度の繰り返しにしかならない。そんな謝り方をするくらいなら、謝らないほうがましなのだ。

読者の皆さんは、自分はレオンとは違うと思われるかもしれないが、自分がしたことについて謝る代わりに、相手の気持ちに対して謝ることで責任を逃れようとするやり方はよく目にする。「パーティーであなたの話を訂正し、あなたに恥ずかしい思いをさせてしまって申し訳なかった」と言っても謝罪にはならない。ここには自分のしたことの責任について触れた言葉がひとつもない。形の上で自分を有利な立場に持っていくことで（だって謝ったのだから）、言ったほうは気分がよくなるかもしれないが、じつは相手に責任を転嫁しているわけだ。一見謝っているように見えて、じつは「私のまったく理に適った発言に、あなたが過剰反応したことに対して申し訳なかった」と言っていることにしかなっていないのだ。そうではなく、こうした場面では、「あのときのパーティーでは、みんなの前であなたの話を訂正して申し訳なかったです。失礼なことをしてしまったと思っています」のように言えるよう心がけたい。

【その3】自分は悪くない可能性を含ませる

これもちょっとしたことだが、〝もしも〟というのは、相手に自分の反応を振り返らせる言葉だ。「もしも私が無神経なことをしたのなら、ごめんなさい」とか、「もしも私の発言を攻撃的だと思われたのなら、ごめんなさい」などの言い方をついしてしまっていないだろうか。「もしも……だったら……」と始める謝罪は、だいたいにおいて謝罪になっていない。それを言うなら、「あのときは、言いすぎてしまいました。無神経だったことについてはお詫びしますし、二度とこのようなことがないように努めます」という言い方のほうがいい。

「もしも私が……だったのなら、ごめんなさい」という言い方は、相手を見下した印象を与えてしまうこともある。あるチーム・ミーティングでのこと、私のクライアントのひとり、チャールズは、〝女脳〟についての笑えないジョークを言ってしまったのだそうだ。ミーティングが終わったあとで、チャールズは上司である女性にこんなふうに言った。「もしも私の発言で、ご気分を害されたのならごめんなさい」と。すると、こんな答えが返ってきた。「チャールズ、私の気分はそう簡単には害されませんよ」。その声に混じっていた怒りのトーンに、チャールズは困惑した。自分が失礼な発言をしたことは謝罪できておらず、上司が過剰な反応をする女性だと示唆することになってしまったことが彼には理解できなかったのだ。

小さなことだが、せっかくの謝罪の言葉を、まったく謝らなかったのと同じに変えてしまう余計な言葉には気をつけたいものだ。

【その４】謝罪の対象がずれている

CASE 06

もしかして、怒ったほうが悪いの？

私のセラピーに通っている、10代の息子を持つある父親の話だ。彼は怒りっぽくて、たとえば、閉まりにくいガレージのドアをきちんと閉めていなかったとかいうささいなことで息子を厳しく叱りつけてしまうことがよくあった。それで息子の機嫌が悪くなると、今度はこんなふうに謝っていたのだという。「父さんの言ったことで、そんなにおまえを怒らせてしまって申し訳なかった」。これが、彼の標準的な謝罪の言葉だった。

「あの謝り方が嫌なんです」。彼の息子は私にこう話してくれた。「なんだか腑に落ちなくて。理由はわからないんですけど」。息子のほうはどこかが間違っていると気がついていたものの、父親が何に対して謝っているのか、そして誰の問題なのかをぼやかしてしまう理由を突き止められずにいた。ただ、父親にそんなふうに謝られるとどこか落ち着かず、居心地が悪くなってしまうのだった。

この父親の謝罪になっていない謝罪は、自己防衛のあらわれでもなければ、責任逃れのずるいやり方でもない。むしろ家庭内に不安を抱える家族によく見られる混乱した思考の反映だと言っていい。どんなシステムにおいても、不安が大きければ大きいほど、人は自分の気持ちや行動に対する責任（〝お父さんが頭が痛いって知っているのに音楽を小さくしなかったことを謝ってきなさい〟）よりも、自分以外の人の気持ちや行動に対する責任（〝お父さんの頭が痛くなったじゃないの、謝ってきなさい〟）を強く感じるようになる。

CASE 07

うちの子に責任をかぶせようとしたママ友

もう何十年も前の話になるが、上の息子のマットが6歳くらいのころで、クラスメートのショーンと遊んでいたときのことだ。突然、ショーンが手に持っていたおもちゃをマットが取り上げ、返すのを拒んだ。するとショーンが自分の頭を何度も床にぶつけはじめたのだ。

近くにいたショーンの母親はすぐに反応し、かなり興奮している様子だった。彼女は自分の息子に頭を打ちつけるのをやめなさいとも、マットにおもちゃを返しなさいとも言わなかった。そうではなく、厳しい言い方でマットを叱りつけたのだ。「マット、あなた、自分が何をしたのかよく見なさい！　あなたはこの子に頭を床に打ちつけさせているのよ！　いますぐショーンに謝りなさい！」と。

マットは混乱した様子だったが、それは当然のことだった。彼はショーンのおもちゃを取ったことを謝れと言われたのではなかった。そうではなく、ショーンが自分の頭を床に打ちつけたことに対して謝れと言われたのだ。つまりそれは、自分のしたことに対してではなく、自分ではない子どもの行動に対して責任を持てと言われているということだ。マットはおもちゃを返してその場を離れたが、謝りはしなかった。マットにはあとで私から、おもちゃを取ったことは謝るべきだったけれど、ショーンが頭を床に打ちつけたことをあなたが責められるいわれはないと説明しておいた。

もしもショーンがしたことについて、マットが責任を引き受け、謝っていたとしたら、マットは傷ついていただろう。なぜならそれは、自分がしていない（というより、することができない）何かをしたと認めることになっていたのだから。そして、ショーンもまた傷ついていただろう。別のやり方で怒りをコントロールしようとする気持ちと、そうすることの責任を否定されることになるのだから。

【その5】許してもらおうとする

謝罪を台無しにするもうひとつのやり方は、謝ったと同時に、許しと救済への切符を自動的に手にすることができたと思うことだ。これはあなた自身とあなたが安心できるかどうかの問題でしかない。「ごめんなさい」という言葉は、傷ついた相手から許しをもらうための取引材料と見なすべきではない。

ただし近い間柄においては「私を許してくれますか?」とか、「どうかお許しください」といった言葉が儀礼的になっている場合もある。だから、傷ついた側の人がそれを受け入れられる関係ならば、謝ると同時に許しを求めてもかまわないだろう。だが、基本的には、あなたが傷つけたほうの立場だとして、あなたのほうが許しを期待したり要求したりする、あるいは機が熟すのを待たずそれを求めてしまうと、せっかくの謝罪を台無しにしてしまいかねない。ここにひとつ例がある。

CASE 08

「許す」と言うまで食い下がる夫が怖い

ドンは、14歳になる娘を自転車仲間とのサイクリングに連れていった。妻のシルビアはもともと誰であれ他人と一緒に娘が自転車で走るのには反対で、ずっと昔にドンはその考えを尊重すると約束していた。約束を破ったドンは、母親には内緒にしておくようにと娘に言った。「だって、絶対に怒るのがわかっている」のだから。

ところが娘はうっかりその秘密を母親に漏らしてしまい、母のシルビアは激怒した。ドンは、自分の不適切なおこないについて懺悔した――サイクリングに出かけたこと、娘と口裏を合わせて隠し事をしていたことについて、何度も頭を下げて、もう二度と同じことはしないと誓った。だがそのあとで、シルビアにしつこく許しを求めたのだ。

シルビアが「許さない！」と言ってもドンは引き下がらなかった。たぶんこんな感じのことを言ったはずだ。「ぼくのしたことが深刻だったのはわかっているし、きみが怒るのも当然だ。その怒りを収めてもらうために、何かできることがあるなら教えてほしいんだ」

シルビアは、許しを強要するドンの態度に圧迫感を感じた。それにより、彼女自身の内側から自然と出てくるはずの許しの気持ちが入り込む余地がなくなってしまったように感じたのだ。シルビアには、ドンがテーブルをくるりと回転させて自分を被害者の位置に置き換えてしまったように思えた。そんな彼を許そうという気にはとうていなれなかった。

せっかくの謝罪も、そのあとあまりにもすぐに許しの要求が続くと、傷ついた側の人がたどるべき感情処理のプロセスを遮ってしまうことにもなりかねない。相手もその場では当惑し、謝ってもらったうれしさや安堵の気持ちから、心に抱えている怒りや痛みを落ち着かせる十分な時間を経ずに、〝許す〟ことを急ぎすぎてしまうかもしれない。

心からの謝罪を伝えるとき、その謝罪が許しと和解につながっていくことを願うのはもちろん自然なことだ。だが、許しの要求は、相手を急かし、また間違った扱いを受けている気にしてしまうことで、謝罪の価値を減じてしまう恐れがある。謝罪には、それ自体が根を下ろすまでの時間と空間を必要とすることがしばしばあるのだ。

立ち入りすぎの謝罪

あなたが謝ろうとしている相手が、本当にあなたからどんな言葉も聞きたくないと思っているときに、無理に謝ろうとしてもいいことはない。

CASE 09

夫の不倫相手からの謝罪電話に出るべきか

ライザという女性は、友達のセリナの夫と不倫をした。それを知ったセリナは、ライザとはもう連絡を取りたくないという気持ちをはっきりと示していた。セリナはライザのことをできるだけ考えないようにして、夫との関係を修復するために夫婦で努力を続けることにしていた。

何年かたって、ライザがＡＡプログラムの12ステップ（訳注：アルコホーリック・アノニマスという団体が提供しているアルコールを完全にやめるためのプログラム）に取り組んでいたとき、彼女のスポンサーが、過去に自分が誰かを傷つけたことがないか、自分の行動を振り返って関係を修復するために直接電話をかけてみるようにと勧めてきた。ライザは、セリナの電話番号を共通の知り合いから聞き出し、留守番電話にメッセージを残した――セリナの夫との不倫は人生で最大の間違いだったということ、それから、会ってお茶でもして、できれば仲直りをして話を聞いてほしいと。

留守番電話の声を聞いたセリナは、もう一度傷つけられたように感じた。ライザの要求は、がんばって捨て去ったはずのざわざわとした気持ちを、もう一度かき立てたのだ。ライザは二度目の電話をかけ、同じメッセージを残したあと、さらに「こちらの話を聞いてもらえたら、あなたは私を許すことができるかもしれない」とつけ加えた。セリナが返信しないという賢い選択をすると、ライザは手紙を送った。中にはおそらく電話と同じような内容が書かれていたのだと思われるが、セリナは開封せずに古紙回収に出した。

無理やりにセリナの人生にもう一度立ち入ろうとするライザの行為は、セリナにとってはまた別の侵害行為に思えた。

ライザには自分を許すことが必要だった。けれど、自分を許すためのプロセスに、セリナへの連絡を含めるべきではなかった。謝罪の目的は、傷ついた相手を落ち着かせてなだめることにあるのであって、相手とつながりを求める気持ちや、自分のことを説明して、自分の罪の割合を減らしたい衝動があるからといって、相手の気持ちを揺さぶったり、追い求めたりしてはいけない。ライザが試みたＡＡプログラムのようなプロセスを、仲直りに役立てることができるのは、傷ついた相手やほかの誰かをさらに傷つけることなくやれたときだけだ。しかし、実際のところ、そうでないときとの違いが理解できない人もいる。

CHAPTER 03
関係を壊してしまう謝罪

「その元同僚の声を録音しておいて、聞いてもらえたらよかった」。姪が私にこう言った。「その人、ぜんぜん謝らなくていいことなのに謝ってばかりいるの。こっちは聞いてるあいだ中、〝いいですよ、ぜんぜん大丈夫ですから〟みたいなことばっかり言わなきゃならなくて、話したかったことを何も話せないで終わってしまうんだから」

「ごめんなさい」のひと言を口に出せない人々がいる一方で、欠点といってよいくらいに謝ってばかりの人もいる。それはとくに女性に多い。私たちの世代によくあるのは、女性はまわりの人の感情を受けとめる役割をするものだと子どものころにしつけられているがゆえに、それができないと罪悪感を覚え、何にでも責任を感じてしまうというケースだろう。コメディアンで作家のエイミー・ポーラーの言葉を借りれば、「女の私が、申し訳ないと思うものだと教えられたことを取り消すには何年もかかる」のだ。

CASE 10

「ごめんなさい」を連発してしまう人

カリフォルニア州に住む私の友人は、本当にいつも謝ってばかりなので、会うたびに注意してやりたくなる。この前、何人かの友人たちとレストランで集まったときには、前菜が運ばれてくるまでに5回も謝っていた（そうです、数えていたんです）。

「ごめんなさい、窓側の席がよかった？」、「あら、邪魔しちゃった。ごめんなさい、どうぞ続けて」、「あら、これあなたのメニューだった？　ごめんなさい」、「ごめんなさい、いま注文しようとしてた？」という具合だ。せまい歩道をならんで歩いていて、何度も腕が当たってしまったときにも、「ごめんなさい」と謝る。悪いのはどう考えても、スマートな動きのできていなかったこちらのほうなのだが。そんな調子だから、もしもぶつかったはずみで転んでしまっていたとしても、彼女なら四つんばいになったまま顔をあげて、「ごめんなさい」と謝ったのではないだろうか。

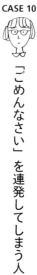

そんな彼女を見てイラッとするのは、もしかしたら私が気の短いニューヨーカーで、一方の彼女は、ミス・マナーズ（訳者注：アメリカでよく知られるマナーに関する新聞コラム）に教わったとおりにお皿に料理を少し残して食事を終えるような南部の出身だからかもしれない。彼女の謝り方はいつも上品で、丁寧だけれど、聞いた人がみんな、ああこの人は「ミス・マナーズの謝り方教室」のご出身なのだな、と思ってくれるわけではない。それでも学生時代からの付き合いで、大好きな友達だと思っていればこそ、その点についてはつい指摘したくなってしまうのだ。優雅でマナーのよい人だと好印象で受けとめる人もいるだろうが、それでも「ごめんなさい」が多すぎる。

これは、高い資質をそなえたフェミニストとして知られる人たちであっても、女性であればよく見られる問題だ。フェミニストで研究者のマギー・ネルソン[*3]は、こんなふうに書いている。「私は仕事のメールで〝ごめんなさい〟を使わずに書けるようになるまでに何年もトレーニングが必要でした。つい、〝遅くなってごめんなさい〟、〝混乱があったようでごめんなさい〟というふうに、なんだかんだで使ってしまうのです」

意味のない謝りすぎには気をつけて。謝罪の言葉は、大切なときのためにとっておいたほうがよいのだから。

謝りすぎは社会的な植えつけか

人を謝りすぎに駆り立てるものは何か？　たしかなことは誰にもわからない。それは、自己評価の低さや、自分には権利がないと思う心かもしれないし、まだされていない批判や不承認を無意識に避けたい気持ちかもしれない。もしかするとそれは、安心や満足に対する過度の希望や心の底に流れる羞恥心かもしれないし、行儀のよさを示したい気持ちかもしれない。あるいは、もしかすると、女性はこうあるべきとずっと昔に教え込まれた、自分を控えめに見せるふるまい方が身体に染みついていて、何かのはずみに出てきてしまうしゃっくりのようなものにすぎないのかもしれない。

しかし、何かを修正するにあたって、それが起こる原因を必ずしも知っておく必要はない。もしも、謝りすぎに心当たりがあるのなら、まずはトーンダウンしてみるといい。たとえば友達にサラダボウルを返し忘れていたことを謝るなら、その友達の飼い猫を車で轢いてしまったかのように、何度も謝るのはやめておこう。謝りすぎは距離を生み出し、自然な会話の流れを妨げる。それは友達をいら立たせ、本当に謝らなくてはならないときに聞き入れてもらいにくくする。

涙が逆効果になるとき

真の謝罪には、相手への共感と悔恨の気持ちが込められているものだ。せっかく謝ったところで、その言葉の裏に真心がなければ、機械的で誠実さを欠いたものに聞こえてしまうこともある。だが、やりすぎはいけない。ついやってしまいがちだが、自分がどれだけ後悔しているかを伝えようとするあまり、謝りすぎてしまっては本当の謝罪にならない。これから紹介するエピソードは、セラピーの患者さんから聞いたものだが、このことをよく表していると思う。

CASE 11

母が繰り返す悔恨の言葉が苦しい

車を運転中に何かに気を取られていたエイミーは、走行中のほかの車と衝突事故を起こしてしまった。エイミー自身は軽いけがですんだが、助手席に乗っていた娘のレベッカは重傷を負い、2回の手術のあと、長期のリハビリが必要になった。

エイミーは優良ドライバーだった。事故を起こしたのはこれがはじめてで、誰に起こっても不思議ではない出来事だった。しかし当然ながら、罪の意識と悲しみと良心の呵責で、エイミーの心は乱れていた。娘が自分のことをなじったり、批判めいた言葉を口にしないことが、逆に口にしない怒りのあらわれに思えて、怖くなるばかりだった。1日に数回、申し訳ないことをしてしまった、こんな自分を許すことはできないと、彼女は娘に毎日繰り返し伝えていた。レベッカが精神的な苦痛や、身体の痛みを訴えると、エイミーが泣き出してしまうことがあったので、結局はレベッカのほうが慰めることになっていた。エイミーは、こんな言葉を繰り返していた。「あなたじゃなくて、私だったらよかった。あなたと代わってあげられるなら、何だってするのに！」

レベッカは、娘の苦しみを見ている自分のつらさばかりにとらわれている母親の態度に、次第に怒りと息苦しさと力を奪われていく感覚を覚えていた。「いいかげんにして！」。ある朝、レベッカはエイミーに向かって叫んでいた。「これは私の苦しみなの。私は自分で対処できる。お母さんは、どこか別のところへ行って自分の苦しみを引き受けてちょうだい」

エイミーが私のもとへやってきて、セラピーを受けることになったのは、そう言われたことがきっかけだった。そのおかげで、彼女は心に抱える罪悪感と悲しみに立ち向かうことになり、レベッカに対する気持ちを鎮めることができたのだった。

エイミーの罪悪感と悔恨の表現は心の底から出たものであるだけに、レベッカは母親の深い悲しみを目の当たりにしなければならなかった。もちろん、母親が彼女の痛みの一部を引き受けていることを示すことのできない謝罪なら、伝えたところで役には立たなかったはずだ。ようするにこれは、単純に程度の問題だったのだ。自分の気持ちを表現することに必死になってその強さを抑えることができなかったばかりに、レベッカに負担がかかりすぎたのだ。母親の痛みをなんとかしてやらなければという気持ちになってしまい、自分自身の傷を癒やすために力を注ぐことができなくなっていたのだから。

謝罪は自分のためにするのではない

真の謝罪に必要なのは傷ついた相手への関心を持ちつづけることであり、それをこちらの感情で乗っ取ってしまうことになってはいけない。エイミーの例が示すように、問題が起きるのは、傷ついたり怒ったりしている人の注意が、謝っているほうの痛みに向けられることに終始する場合だ。いったんそのような状態になってしまうと、こちらは心からの謝罪を伝えるチャンスを失うことになり、またせっかく話せても相手はひどい会話だったと思うだけだ。

ミネアポリスで開催した私のアンガー・マネジメントのワークショップ参加者のひとり、34歳のソーシャルワーカーのメアリーは、こんなことを言っていた。「母には批判として受けとめられるようなことは何も話せないんです。いつも同じことの繰り返しで。母が謝ってくるときは悔恨と自己批判ばかりで、結局は私のほうが、〝あなたはいい母親だ。できるかぎりのことはしている〟って、慰めて終わるんです。そのあとで私はすごく嫌な気持ちになります」

せっかく相手が謝ってくれたのに、まるで犬の餌の入った皿を顔に押しつけられたかのような、反応をしたら、なんにもならない。同様に、せっかく謝っても、じつは相手のことでなく、いちばん気の毒なのは自分だと思っていることが伝わってしまっても意味がなくなる。それにより、あなたの置かれた状況がいかに大変であるか、もしくは大変だったか、あるいは、大きな失態を犯してしまったことに気づいたあなたがどれほど恥じ入り、自分を価値のない人間のように感じているか、そして、たぶん何を言っても間違っているのだからもう二度と口を開くべきでさえないと思っていると、相手に思われても仕方がない。

謝りすぎは、自己防衛が姿を変えただけのものになってしまうこともある。もしも傷ついた相手が、あなたの気分をよくする必要性を感じはじめたとしたら、感情を抑えて、守りに入りたいこちらの気持ちをチューニングしなおすときがきたサインだととらえたい。謝罪は、謝る人のためのものではない。もしも本物の謝罪の意を伝えたいと思うなら、大切にすべきは傷ついた相手の怒りと痛みのほうなのだ。あなたの怒りや痛みを話題にするのは、また別のときでいい。

「埋め合わせ」の大切さ

謝り足りないのも、謝りすぎと同様に攻撃性を持ってしまうことがある。私は以前、友達に会いにシカゴを訪れたとき、ホテルのエレベーターが止まり、45分も中に閉じ込められてしまったことがあった。真夜中すぎのことで、非常ボタンを押しても何も変わらず、とても怖い思いをした。

あとで知ったのだが、そのエレベーターが故障したのはそれがはじめてではなく、修理がきちんとされていなかったということだった。私は担当者に電話をし、手紙も出した。届いた返信には、「この件でご不便をおかけして大変申し訳ございませんでした。当該の問題については、できるだけ早急に対応いたします」と書かれていた。

「ご不便ですって！　よかったら一度、真夜中にひとりでエレベーターに閉じ込められるご不便を経験してみられたらいいですね！」と、言いたくなったが、言うのはやめておいた。この担当者の選んだ言葉に、私は違和感を抱いたわけだが、重要なのは、大切な人間関係の中で謝りが足りないとき、それによってできる傷はもとの傷より深く、なかなか癒えないということだ。

そして困ったことに「ごめんなさい」という言葉は、埋め合わせをしようという気持ちが伴わないと、中身がなく、本気で言っていないように受け取られることがある。

CASE 12

記念日を台無しにしたレストランの対応

友達夫婦の話だが、こんなことがあった。ふたりはふだんとても倹約して生活をしていた。そのふたりが、1年目の結婚記念日を祝おうと、奮発してカンザス・シティにあるしゃれたレストランに出かけた。ところが、テーブルで受けたサービスが、話にならないくらいひどかったというのだ。

いつまでたっても前菜すら運ばれてこなかったというのだから、おそらくその晩、キッチンには人が足りていなかったのだろう。そして、メインコースが出されて、会計を終えるまでには、それ以上の時間がかかったという。食事のあとでコンサートに行く予定があるからと、店を出なくてはならない時間はあらかじめ伝えていたので、店のスタッフは状況を把握していたはずだ。

妻のほうがウェイターに苦情を伝え、マネージャーを呼ぶよう言ったとき、ちょうどそのマネージャーがあらわれた。マネージャーの男性は、サービスが遅くて大変申し訳なかった、そしてキッチンスタッフには自分からよく言っておくと言った。彼は「誠に申し訳ございません」と、少なくとも3回は言った。だが、「このワインのお代はけっこうです」や「前菜はお店からのサービスにします」のような言葉はなかった。

この例の中で、マネージャーの対応によくない点があったとすれば、それは、何かで埋め合わせをしようという態度を少しも示さなかったことだ。レストランとしては、余計な出費を避けることができたかもしれないが、このふたりの客は間違ってもこの店に行くことは二度とないし、友達にこのレストランを薦めることもなくなった。

埋め合わせの失敗は、プライベートの人間関係であってもよくないことだ。たとえば、友達の家でラグの上にコーヒーをこぼしてしまったときに、10回謝っているけれども、ソファーに座ったまま掃除を手伝おうともしなかったり、クリーニング代が必要ならそれを負担しようともしなかったりすれば、それは本当に謝っていることにはならない。同様に、親友の誕生日を忘れて、同じ日に日帰り旅行の予定を入れてしまったのなら、気遣いの伝わる埋め合わせのプランをすぐに提案したいものだ。

不足のない謝罪とは

謝罪の失敗は個人のやりとりの中だけで起こることではない。悔恨の気持ちが見せかけだったり、説明責任が果たされなかったり、責任のすり替えがおこなわれたりする謝罪の場面は、公的な状況や政治の舞台でもよく見られるものだ。公人によって使われるつかみどころがなくずるい言い回しについては書かれたもの[*4]も多く、政治家や、各界の著名人、ビジネスリーダーたちが、そういった言葉（〝遺憾に思います〟など）を使うことはめずらしくない。しかし、私たちの誰もが、多くの場合は意図せずとも、自分のための偽の謝罪をしてしまうことが絶対にないとはいえない。

不足のない謝罪をするための公式は、じつはかなり単純なものだと思われる。ビジネスの専門家であるジョン・ケイドーも、著書『生き残るためのあやまり方』の中で示している。それは、「謝罪とは、加害行為や抗議内容に対する責任を認め、直接的かつ主体的な態度で曖昧さを残さずに悔悟の念を表明し、挽回の方法を提示して、繰り返さないと約束することである」というものだ。よい謝罪とは、「もし」や、「でも」抜きの「ごめんなさい（もしくは同等の語句）」を含む言葉で、それを取り消したりぼやかしたりするような言葉や行動を伴わないものをいう。うっかりすると、自分から責任を遠ざけるような言葉を口にしてしまうことは誰にでもあるので気をつけたい。

また、全てに当てはまる公式というものはない。ゲーリー・チャップマンとジェニファー・トーマスが著書『赦しをもたらす5つの方法』[*5]の中で指摘しているように、謝罪を伝えるための正しい方法は、謝る相手が誰かによって違ってくる。なぜなら、誠意ある謝罪としてその人が受け入れるために聞きたい言葉は、人によって違うからだ。ある言葉で誰かの気持ちをなだめることができたとしても、同じ言葉が別の人を失望させたり、いら立たせたりすることはある。人によっては、謝るべき相手から「私が悪かった」のひと言さえ聞ければ、それだけで謝罪が本物だと感じられるかもしれない。また別の人にとっては、「もう二度とこのようなことがないようにベストを尽くすと約束します」というのが謝罪を心に届かせるマジック・ワードなのかもしれない。

その次に、何に対して謝っているのかも重要だ。大きな傷を癒やすためなら、シンプルで誠実な「ごめんなさい」のひと言が、最善かつ唯一の最初のステップになる。ものごとをもとに戻すには、そのあとに必要なステップがもちろんたくさんある。次の章で見ていくように、大きなリスクを伴うシチュエーションでは、長距離走のような謝罪が必要になる——苦しい立場のままでも気持ちをオープンに保ち、傷ついた側の人の怒りに耳を傾けつづけることが求められるケースだ。その種の痛みには心から耳を傾ける以上の贈り物はないし、それ以上に差し出すのが難しい贈り物もまたないのだ。

CHAPTER 04

批判を受けているときの対応を考える

たとえば、こちらに非があるという自覚があって、謝るのが正しいと思っているときでも、自分から謝るというのは難しい。自覚があってそうなのだから、思いもよらない批判を浴びせられ、しかもそれがフェアだと思えないときならなおさらだ。他人から向けられる批判の中には、こちらの行動よりも、相手の受けとめ方によるものもたしかにあるのだから。

批判をされるのが好きな人はいない。しかし、いつも人目につかないところでじっと黙っているのでなければ、それは完全には避けられない。自分が他人を批判するのと同じ理由で、他人から批判されるというのはよくあることだ。それはみじめな気持ちの裏返しかもしれないし、反射的に批判的な反応をしたり非難の言葉が口をついて出てしまうだけなのかもしれない。もしかしたら、よかれと思ってしたことが的外れな方向へ行ってしまうだけなのかもしれない。あるいは指摘されて当然なふるまいや、人を不快にさせやすい性格や行動の傾向がこちらにあるのかもしれない。批判をしてくる相手は、こちらが自分の行動を振り返り、謝らなければ、これ以上付き合いきれないと痛切に感じているのかもしれない。

批判を受ける立ち場になったとき、しかもそれが行きすぎで、かつ的外れに思える場合に、自己防衛のバリアを解くのはとても難しいことだ。だがそのような難題を突きつけられたときにも、そこから多くを学ぶことは可能であることを示す例として、キャサリンとディーのストーリー[*6]を紹介したい。別の方向から話を聞いて、疑問点があれば尋ね、そして相手の言い分に同意できる部分については謝り、見解の異なる点があれば、どう違っているのかを確認することが大切だ。本物の謝罪には強い癒やしの力がある。しかし逆に、相手の話をよく聞かず、うまく謝ることができなければ、人間関係の破たんにつながることもある。

〝謝罪もどき〟は事態の悪化を招く

CASE 13

母を責めつづける娘と対話する

それはクリスマス・イヴのことだった。26歳のディーは、母親のキャサリンと休暇を過ごすために、車で片道4時間をかけて実家に帰っていた。ディーが9歳のときに両親は離婚していた。ふたりで小さなパーティーを開いたあと、片づけをしているときだった。突然ディーがキャサリンのほうを見て、こんな言葉を口にした。「話さないといけないことがあるよね」

その話をするのによいタイミングではなかったが、ディーはどうしようもないくらいに不満をため込んでいた。離婚のときキャサリンが自分のことをまったくかまってくれなかったと非難することから始め、「あなたは自分が立ち直ることばっかり考えていて、私のことなんか気にとめてもいなかったからだ」と責め立てた。そして、自分が男性との関係をうまく築けず、その面での将来への見通しが暗いのもキャサリンのせいだと言った。さらに、離婚後の父親がアルコールの問題を抱えてしまったのも彼女のせいだと畳みかけた。これらのことは、偶然ではあるが、キャサリンが費用を負担してディーが受けたセラピーの途中でわかったことだった。

キャサリンが私のもとを訪れたのは、それから2カ月後のことだった。最初、この話を始めたとき、彼女は怒りに震えていて、ディーに攻撃し返さないでいるのが精いっぱいだったと語った。その場を収めるためにディーに伝えたのは、できるかぎり謝罪に近いこんな言葉だったという。「ごめんなさい、ディー。あなたがそんなつらい思いをしていたなんて。傷つけるつもりなんてなかったのよ。できるだけのことはしたわ。だから、もし私が何か間違ったことをしたと言うのなら、ごめんなさい」。それから、キャサリンはおやすみを言って、その晩は休んだという。

〝謝罪もどき〟の本音を読み解く

ディーの攻撃が不意打ちだったことを考えれば、典型的な、謝っているようで謝っていない〝謝罪もどき〟の言葉がキャサリンの口から出たのは驚くことではない。あれは謝罪ではなかったのかとお思いになった方のために、キャサリンの言葉を翻訳してみるとこうなる。

＊「ごめんなさい、ディー。あなたがそんなつらい思いをしていたなんて」
→離婚のことをあなたがどう思っていたかは、いまこのタイミングで言うことじゃないわよね。

＊「傷つけるつもりなんてなかったのよ」
→私はよい人間で、何ひとつ間違ったことはしていない。

＊「できるだけのことはしたわ」
→で、それ以上、何か文句があるっていうの？

＊「だから、もし私が何か間違ったことをしたと言うのなら、ごめんなさい」
→もし私が何か間違ったことをしていたとしても、それが何なのか私にはさっぱりわからない。でも、申し訳なかったと思ってる。だからもう次へ行きましょう。

こんなふうに分析してみたのは、キャサリンのやり方を批判したかったからではない。反撃しなかったのだから、それだけでも立派なことだ。実際のところ、同じ状況であれ以上にうまく対処できる人なんてそれほどいないのではないだろうか。

心が謝れる状態にあるのかを見極めよう

キャサリンの話によれば、あのときの喧嘩以来、ディーとは一度も話していないし、自分から連絡しようとは思っていないということだった。「私は〝ごめんなさい〟って言ったもの」。キャサリンの言い分はこうだ。「だから、いまはディーのほうが、だしぬけにあんな攻撃をして悪かったって謝ってくるのを待っているんです」

しかし、娘のほうから先に謝ってくるのをじっと待っているとしたら、キャサリンはかなり長く待たなければならないのではないだろうか？　キャサリンが発した、〝謝罪もどき〟の言葉が、ディーの気持ちを満足させるものでないことは確実だ。ディーはまだ謝っていないが、これから先も謝ってくることはないだろう。

そこで、今度のクリスマス、あるいは、たとえばもっと先の5年後までに、ディーとの関係がどんなふうになっていたらいいと思うかと、キャサリンに尋ねてみた。キャサリン自身、あとどれくらい娘と連絡を取らないでいることに耐えられるのか――何週？

何カ月？　何年？　何を言うか、沈黙をとおすか、娘に対してどんな反応を示すかによって、状況は好転するかもしれないし、逆に悪化するかもしれない。だが、娘が先に謝ることにキャサリンがこだわりつづけたとしたら、何ひとつ変わらないかもしれない。

セラピーを始めてそれほどたたないうちに、キャサリンは、娘を失うのが怖いのだと打ち明けてくれた。自分に与えられた選択肢を探るうちに、キャサリンは自分はまだ怒っていて受話器をとることができないし、当然ながら、悪い母親だったことを謝る気持ちにはなれないと気づいたのだという。私も謝るよう彼女をうながしはしなかった。なぜなら、怒りを抱えたまま遠くからどんな言葉を伝えたところで、それは本物とは言えないだろうし、まったく何の意味も持たない。セラピストとして、私はキャサリンが怒りを鎮め、もっと大きな構図でものごとをとらえることができるように手助けをしたいと思った。

家族に受け継がれたパターンを打ち破る

セラピーを通して話を聞いているうちに、キャサリンの家庭では代々母と娘の関係があまりうまくいっていなかったことがわかってきた。激しくぶつかるか、そうでなければ距離をとり、関係を断ち切ってしまうパターンが続いていたのだ。家族の伝統のように続いているこのような母娘の関係を、キャサリンはディーとのあいだにも持ち込みたかっただろうか？　そんなことをすれば、母娘とも失うものが多すぎることは明らかだ。

ディーの行動はたしかに行きすぎではあったが、それは何年ものあいだ内に抱えた怒りと痛みを声にして伝えることができなかった結果かもしれない。だが、家族のあいだでの謝罪という課題に関して言えば、本当に重要な点はそこにある。よりよい人間関係をつくりたいという気持ちがあるならば、相手の反応に応戦するのではなく、こちらはベストな自分、いちばん成熟した自分でいる必要がある。また、相手の不平もときには正しいことがある。なぜなら、私たちは誰も、つねに正しいことばかりできるはずがないのだから。

わが子から向けられる批判と怒りに耳を傾け、避けられなかった傷とどこの親にもある間違いについて謝ることができる姿勢ができてはじめて、こちらの言うことに耳を貸してもらうことを期待できる。自分のメッセージを届かせたいと思うなら、その前に自分が相手の話によく耳を傾ける必要がある――これはどんな人間関係にも通じるアドバイスだ。

批判を受け入れる意思表示の方法

さてその次は？　じつはキャサリンの職業は、細部に目を配り、高い言語能力を駆使する弁護士だ。だから、彼女の気持ちとしては、事件の陳述をおこなうように筋道を追って、長々と手紙を書きたかった。しかし、それをしてはディーとの関係をよくするという目標とは、まったく別の方向へ進んでしまうことは明らかで、実際のところ、どんな人間関係でも有効な第一歩とはならない。

そこで私の提案にしたがい、キャサリンは長い手紙を書くのはやめて、代わりに短く温かなメッセージを書いたグリーティングカードを送ることにした。直接会いにいくのは、どちらにとってもつらいとわかっていたし、キャサリンとしては、ディーに言われたことをできるだけオープンに考えてみたいと思っていたからだ。このカードに対して、ディーからの反応はなかった。もう少し正確に言えば、ディーは沈黙という反応をしたのだ。それについてはキャサリンに向けられた個人的なものととらえるよりも、むしろディーが示す反応のレベルについての情報として見たほうがよいと、私はアドバイスした。それから数週間後、キャサリンにディーに宛てた手書きの手紙（Eメールではない）を書いてもらった。内容はこのようなものだった。

ディーへ

いまごろあなたは何をしているのだろうと思いながら、赤いソファーに座ってこの手紙を書いています。あなたが最後にここに来た日のことを何度も思い返しています。あなたと私のあいだで、あんなふうに感情的なやりとりになってしまったことは、とても残念に思っています。あなたからの返事がないことを思うと、いまのあなたにはまだもう少しひとりでいる時間が必要なのでしょう。思っていることを包み隠さず私に伝えてくれたあなたの勇気は立派でした。

私はあなたとは本音で何でも話ができる関係になりたいと思っています。私自身、母親との関係はそうではなかったけれど。私は怒っていたとしても、その気持ちを母親に伝えることができなかったし、ぶつかっていくこともできませんでした。あなたと私のあいだで衝突があったときに、うまく対処できる心づもりができていないのはそのせいかもしれません。

私の母は自分の母親と喧嘩ばかりで、話をしないまま何年もたってしまったそうです。それで、私とは同じことを繰り返さないために、できるだけ衝突を避けていたらしいのです。そのために、結局はかなり表面的な関係になりました。

母と娘のあいだで、どんなふうにものごとが進んだかについて考えるうち、私はあなたとはまた違った関係を築くことをどれほど望んでいたかに気がつきました。それから、うちの家族の中で、おたがいに口をきかないでいる人たちのこともずっと考えていました。けれど、私とあなたのあいだに起こっていること以上につらいことは想像できません。だからもう一度やってみましょう。あなたの心の準備が整って、話をしてくれる気になったら、私もベストを尽くしてあなたの話をよく聞くようにします。

愛を込めて、ママより

キャサリンが娘に書いた手紙には、家族のあいだでもめごとが起きた場合に応用できる、落ち着いた感情の場を生み出すための、7つのポイントが含まれている。

＊書き手自身のことだけに話題の焦点を絞る。
＊批判や叱責を含めない。
＊相手に特定の反応を求めない。
＊自分たちに限定せず、一般的な母と娘の問題を中心に枠を広げる。
＊説教臭くならずに、つながりを持つことに前向きな姿勢を示す。
＊相手に負担がかかりすぎないように、手紙は短めにする。
＊相手に心の準備ができるまで連絡を急がない。

キャサリンが賢明だったのは、この手紙に謝罪の言葉を含めなかったことだ。なぜならまだそのときではなかったからだ。ディーがほかの何よりも求めていたのは、いちばん大切な人との関係において誰もが求めているものと同じだ。それは、母親のキャサリンに、自分の経験を本当に理解し、自分のことを気にかけてもらうことだ。彼女は母親に自分の話をもっと聞いてほしかった。しかし、当然ながらキャサリンにとっては、自分に対する娘の批判をもっと聞くというのは、いちばん避けたかったことだろう。

批判の矢面に立つということ

ディーも今度は、キャサリンからの手紙に返事を書いた。仕事が忙しいから、時間ができたらまた連絡するというだけの短いものではあったが、とにかく書いた。ディーの反応は、彼女がもう絶対に連絡は取らないと決め込んでいないことを示す重要なサインだった。それからほどなくして、ふたりは言葉を交わせる仲に戻った。

いちばん難しい局面はそのあとに来た。原因をつくったのはあなただと責められる立場にいながら、責めてくるその相手の痛みに耳を傾けるというのは信じられないほどに難しい。人の耳は自然と不公平や正しくないことに反応し、それを聞こうとするものだ。オープンな気持ちで話を聞き、疑問点を確認しながら、もっと相手をよく理解しようとする努力は、精神修行となる。

キャサリンが難局に立ち向かっていったのは、ディーとの関係が彼女にとって非常に大切なものだからであり、またそれがディーにとって必要なことだとわかっていたからだ。だから、今度会うときには、前とは違う聞き方をしようと会う前から決めていた――できるかぎり心を開いて話を聞き、娘の気持ちをもっとよく理解する手助けになると思えば質問をする。自分がするのはそれだけだ、と。

そこで、落ち着いて向き合えそうなときを選び、もう一度ふたりで話ができるように、キャサリンのほうから行動を起こした。自分たちの離婚がどんなふうにディーに影響を与えたのか、当時と現在の両方のことについて詳しく話を聞きたいともちかけたのだ。キャサリンは、こう尋ねた。「クリスマスにうちに来たときだけど、離婚したとき、私があなたのことをほったらかしにしていたって言ってたわよね。そのことであなたが覚えていることを聞かせてもらっていいかな?」

批判を受ける立場で、ただ聞くだけに徹するのにはかなりの努力が必要とされた。ディーがまた自分のことを、身勝手なネグレクトだと責め立てたときには、その瞬間に自己防衛の気持ちが身体の中で込み上げてきた。「でもね、でも、でも……」と言いたい気持ちだったが、そのような反応をしてしまえば、緊張感が高まり、守りの壁が厚くなるだけで、相手の言うことが聞こえなくなってしまう。自動的にディーの話に、自分の側から見た事実を突きつけて対抗する格好になってしまってはどうしようもない。

結婚が破たんしたとき、キャサリンが何と戦っていたかは、ディーには見当もつかないことだ。当時キャサリンはすっかり落胆し、離婚後は誰の援助もないままに、生活費を工面するための努力で肉体的にも疲れはてていた。キャサリンがえらかったのは、娘の話を自分の話にすり替えてしまわなかったことだ。そうではなく、彼女は呼吸をゆっくりと整え、話を聞きつづけることができるように心を落ち着けた。それから誠意ある謝罪をして、よりよいつながりをつくっていくための基礎固めをしたのだった。キャサリンが自分の話をする機会は、またいつか来るだろう。

「ごめんなさい」より共感が先

ディーの体験談をじっくりと聞くことで、キャサリンは本物の共感というものにいくらかは近づくことができた。ディーには、そんなにつらかったときに、もっと自分がかまってやれなかったことをどれほど悔やんでいるかということを、そして、できることならあのときに戻って、もう一度やり直したいということを誠意を込めて伝えた。それから正直に話してくれたことと、本当の気持ちを見せる勇気を持ってくれたことに対して、ありがとうと言った。

「ごめんなさい」の言葉以上に大事だったのは、キャサリンが話のはじめから終わりまで、会話の流れをオープンに保つ努力を続けたことだった。そのあとで、ディーには、今日聞いたことは、明日になったら頭からこぼれてしまうようなものではないし、これからもずっと忘れないと伝えた。そして、こんなふうに言った。「あなたの話を聞くのは簡単なことではなかったけれど、あなたが私に言うことは、私にとっても大事なことだから、今日聞いたことはこれからも考えつづけたいと思っている。時間がたって、もっとほかに言いたいことが出てきたら、また話してくれたらいいわ。私のほうは、また同じようにしようと思うから」

キャサリンが言った「あなたが私に言うことは、私にとっても大事なことだから、今日聞いたことはこれからも考えつづけたいと思っている」というフレーズは、見過ごされがちだが、癒やしの効果を発揮する謝罪の大切な一部をなすものだ。

相手の言い分に納得がいかない場合

心からの謝罪というのは、相手の言い分がおかしいと思ったり、公正でないとか完全に的外れとか思ったりするときでも、受け身になってそれを受け入れるということではない。キャサリンは、怒りのこもったディーの指摘をいくらかは受け流した――キャサリンの成熟度と判断の適切さのしるしである。同時に、聞いてしまったことで、悩まされつづけることになった、ディーの批判の論点のいくつかについては、きちんと話をしておく必要があった。

まず、過去、現在、そして未来にも、男性とうまく付き合えないというディー自身の問題を母親のせいにしたという点には同意できなかった。キャサリンは、過去の自分の過ちが、ディーの抱える困難に影響している面はたしかにあるかもしれないという点については同意するものの、ディーがひとりの大人として下す決断にまで責任があるという点には同意できない。そこで、頃合いを見はからって、ディーに男性を見る目がないとしても、それは自分のせいではないし、ディーが言っているみたいに、この先もよい出会いがないとは思っていないと、愛情を込めてディーに伝えた。そして、優しくこう続けた。「あなたがいま自分で思っているよりも、あなたは大丈夫だと思うし、将来の出会いにも希望があると私は思ってる」

キャサリンは、ディーの父親の離婚後の飲酒についても責任はないと伝えた。「わかると思うけど、離婚をするということは、起こったことに対して、おたがいにずいぶんと考え方が違っているのがふつうなの。だけど、お父さんと私のあいだに起こったことが何であれ、私は自分の行動には責任を持つわ。あなたのお父さんの行動ではなくて。あなたのお父さんは大人だし、お酒はあの人の問題よ。あの人が自分に必要な支援を得られなかったのは残念だけど、でもこのことで責められるのは私じゃないわ」。誠意ある謝罪とは、自分の責任の範囲には全面的に説明責任を負い、その範囲にかぎりそうあることを意味する。

キャサリンは、ディーと見解の異なる点があることはわかったと述べ、そして見解の相違点について話すことのできる関係をつくりたいと望んだ。ディーの考え方を変えようとしたり、彼女を〝真実〟で説き伏せようとしたりせずに、自分の考えをはっきりと伝えたのだ。

もしかするとそれから何年ものつらい沈黙の年月につながる可能性のあった出来事が、ディーとキャサリンの両方にとって、自分自身を学び、たがいを知る機会となった。つぎの年のクリスマス、ディーは、去年はあんなにきつくあたって悪かったと謝って、キャサリンを驚かせた。その謝罪は、キャサリンが要求したものでは決してない。

時間がたつにつれ、その必要性もなくなってきていたものだったが、それでもやはりありがたいものだった。

批判と無礼の線引きをする

聞き役に徹する、というのは、相手が失礼なことを言ったり、境界線を越えてしまったりしたときにも、黙って相手の言うことだけを聞くということではない。とくに思いやりのない態度をどこまで許容するかについては限界を設けておくことが重要だ。たとえば、最初に衝突があったときに、キャサリンはこんなふうに言ってもよかったかもしれない。「ディー、あなたの言ったことは大切なことよ。でもね、今夜はクリスマス・イヴで、私は疲れているから、いまこの話はできない。明日、朝食が終わったあとならちゃんと聞けるから、そのときに話しましょう」。あるいは、「ディー、あなたのことは愛してる。でも、いま聞いたばかりでいっぱいいっぱいなの。少し時間をちょうだい。ふたりとも今夜はゆっくり休んで、明日の朝話すことにしましょう」

よい聞き役になるということは、話を聞くことができないときに相手にそう伝えることができるということでもある。つまり「いまは聞けない」とか、「こんなふうなのは困る」といったことを、言うべきときに言えるということだ。どんな人間関係においても、相手の失礼な態度を我慢してばかりいると（たまにあるというのではなく、恒常的にそうなっているならば）、こちらは自尊心が蝕まれてしまう。また、本当は相手にもっと適切なふるまいをする能力があるのに、それを求めないことは、相手を過小評価することになってしまう。それに、会話をしていてもこちらの負担ばかりが大きくなるか、あるいはもう聞いていられないというときに、相手に言わせっぱなしにしておくのは思いやりではない。

自己防衛に走ったと思われないための12のアドバイス

私は大学院で、聞くことは受け身のプロセスだと教わったけれど、これは真実ではない。聞くことは、非常に能動的なプロセスであり、話すことにくらべて、かなり強く意識しなくてはできないことでもある。とくに相手の話している内容が、こちらの聞きたくないことである場合、自己防衛の気持ちを持たずに聞くのはとても難しい。

自己防衛モードを抜け出すことの難しさは、どれだけ強調しても強調しすぎにはなら

ない。誰かが怒っていたり、批判的な態度で近づいてきたりするとき、人は、同意でき
ない点ばかりを聞き取るよう自動的にスイッチが入ってしまう。守りに入ろうとする自分の気持ちを客観的にとらえて、そこから抜け出す習慣を身につけるには、動機づけもいるし勇気と善意も必要だ。

守りの壁を感じさせない聞き方は、誠意ある謝罪の中心である。批判を受ける立場に立たされたときのために、覚えておきたいポイントは12ある。

1. 自分の自己防衛の傾向を認識する

人は批判にさらされると、即座に自己防衛モードに入ってしまうようにできている。自分にその傾向があることを意識していれば、自己防衛心と自分とのあいだに、わずかでも重要な距離を置くことができる。どんな人でも、自分が同意できないことを相手が話すのを聞くときには、自己防衛の気持ちが働いてしまうものだ。相手の話の不正確さや大げさに聞こえる部分ばかりに、あなたの注意が向いてしまっているのに気がついたら、ちょっと待てと自制すること。

2. 呼吸に意識を向ける

自己防衛は身体から始まる。人は守りに入ると、緊張し、警戒を始め、新しい情報を取り込めなくなってしまう。まずは落ち着くためにできることを。ゆっくりと深呼吸をしてみよう。

3. 聞くときは理解することだけを目的に

聞くときは集中してよく聞き、相手の話の中に同意できる部分がないかを探すこと。話に割り込まず、言い争いもせず、論破せず、事実を訂正したり、あなたの立場からの批判や不満は持ち出さないように。もしもあなたに正当な言い分があるならなおさらのこと、自己防衛の手段としてそのことを言うのではなく、そのことについて話す別の機会にとっておこう。

4. 理解できなかったところは質問する

批判がぼんやりとしていてよくわからないときには、具体的にどういうことなのかと問い返してみることが大切だ（たとえば〝あなたは私のことを尊重していないと思う〟

と言われて〝どういうところで私があなたを見下しているとお感じなのか、ひとつ例をあげてもらえますか？〟と聞いてみる）。そうすることで、問題がよりクリアになり、こちらが相手を気にかけているのだということを、その人に示すことができる。

ただし、具体例を求めるのは重箱の隅をつつくことと同じではないので注意が必要だ。大切なのは関心を持つことであって、ダブルチェックをすることではない。たとえあなたの職業が弁護士であっても、弁護士のようにふるまうのはやめておこう。

5．相手に同意できる点を見つける

たとえほんの数パーセントであっても、相手の話の中に、何か同意できる点はないかを探そう（〝あの晩は、私が会話を台無しにしたの。あなたの言うとおりだと思うわ〟）。もしも、相手の言うとおりだと思えるところがひとつもなかったとしたら、そのときは、包み隠さず話してくれたことに対して礼を言い、相手の言い分をあなたはきちんと受けとめているということをわかってもらうようにしよう。

6．自分の責任範囲について謝る

そうすることで、言い逃れだけでなく、あなたには責任をとる能力があることを、批判してくる相手に示すことができる。また、やりとりの性質を、交戦状態から協力関係にシフトさせる助けにもなる。相手の責任範囲について思うことがあっても、それはまた別の機会にとっておこう。

7．嫌な思いをさせてしまった相手には、相手の言い分をあなたが受けとめたこと、そして、これからも考えつづけることを伝えておく

たとえ何ひとつ解決しなくても、相手の言いたいことはこちらに伝わったということは伝えておいたほうがいい（〝あなたの言うことに耳を傾けるのは簡単なことではなかった。でも私がこのことをこれからよく考えるということはわかっておいてほしい〟）。相手に言われたことについては、時間をかけ、誠実さを持ってよく考えよう。

8．批判をしてきた相手には、話してくれてありがとうと言う

よい人間関係のためには、こちらが守りに入るだろうと相手が予想しそうなところで、こちらから進んで感謝の気持ちを表現することが必要だ（〝言ってくれてありがとう。きっと簡単なことではなかったでしょう〟）。それは、こちらはこの関係を続けたいのだという意思を伝えるサインにもなる。

9．あらためてその話をする機会を用意する

その人の見解について、こちらはずっと考えているということ、そしてもう一度その問題に立ち返る気持ちがあることを示しておこう（〝先週話したこと、ずっと考えてたんだけど、話ができて本当によかったと思ってる。それで思ったんだけど、まだほかに話してもらってないことがあったんじゃないかって〟）。

10．侮辱には線引きを

最初は火花の散るような時間を過ごさないといけないかもしれない。ただ、相手の失礼な態度が、あなたに対して恒常的なパターンになっているようなら、考え直したほうがいいだろう。別の機会のための話し合いを提案しつつ、相手の失礼な態度からは抜け出すようにしよう（〝何がそんなに嫌だったのか、私は知りたいけれど、あなたにも私に対して敬意ある態度で接してほしい〟）。

11. 話をきちんと聞けないときには聞かない

話をしたいとは思っているし、その重要性は認識しているけれども、いまその場ではできないのであれば、相手にそう伝えてもかまわない。きちんと話に決着をつけるつもりならば、いつなら再開できるかを提案しよう（〝あなたの話にいまは集中できない。明日あらためて時間を設定させてくれない？〟）。

12. 相手と違うあなたの考えをきちんと示す

批判を向けてくる相手に対しては、もめごとを避けるために何でも言われるまま受け入れてしまう、平和のためならどんな犠牲もいとわないタイプの人として接してはいけない。そうではなく、その人とはどれくらい違うものの見方をしているのかを伝えることが大切だ。たとえ相手にあなたの意見が受け入れられなくても、本心を声に出しておくことは、あなた自身にとっても必要なことだろう。ただし、タイミングが大事だ。相手と違う意見は、話を聞いてもらえるベストな機会を見はからって伝えるのがよいだろう。

謝罪の言葉は、どれほど誠実であったとしても、傷ついた相手の怒りと痛みによく耳を傾けることができなければ、一度途切れたつながりをもとに戻すことはできない。これまでに見てきたように、聞き上手な人は、ただそこに座って共感を示すように相槌を打つ以上のことをしている。心を込めて真剣に話を聞くには、頭の中を静かに落ち着かせ、心を開き、そしてよりよい理解のために疑問点があれば問い返すことが必要だ。

そのためには、相手の話に口を挟んだり、訂正したりせず、話を聞いてもらえないとか、中断させられたと思わせるようなことは言わないようにすることも大切だ。また、批判を向けてくる相手が、理不尽なことや、こちらが聞きたくないことを言ってくる場合も、守りに入りたい気持ちを抑えて、相手の声と痛みがこちらに影響を及ぼしてくるのをそのまま受けとめることも求められる。

相手をわかろうとする私たちの情熱が、自分をわかってもらいたいと思う情熱と同じくらい大きなものでありさえすれば、私たちが口にする謝罪の言葉は、本当に意味を持ち、癒やしの力を発揮するものになる。

CHAPTER 05

謝らない人々の知られざる生態

もう何年も前の話になるが、当時日本に住んでいた甥のヤーロウに、謝罪に関する私の研究に協力してもらったことがあった。そこでヤーロウは、韓国人のガールフレンドとのあいだで、謝罪をめぐるこんな大きな考え方の違いにぶつかったと教えてくれた。

「コロコロと言うことが変わるうえに、さんざんぼくのことを責めておいて、自分はそれまで一度も謝ったことがないなんて言うんです。母親にも、父親にも、恋人にもですよ（！）。自分たちの力でどうにもできないことについてさえ謝ることに慣れ、親からも学校の先生からも起立してきちんと謝るようしつけられているぼくたちからすると、その事実はなんともいら立たしく感じられます」

ヤーロウがこのとき知ったのは、韓国人であるそのガールフレンドにとって、謝罪とは社会的に距離のある関係を示すものであり、フォーマルな場面や公的な生活の場に属するものだということだった。[*7] 彼女にとって、親しい人との関係と謝罪は共存しえないものだったのだ。

「韓国では（あえてここではひとりの女性から、一国の文化全体に一般化して話します）、ぼくたちのような親しい間柄で謝罪は必要とされないようなのです。相手が許すのはあたりまえで、言外に示される謝罪の気持ちも当然読み取ってもらえるはずだし、謝りはしなくても悪いことをしたのはその人もわかっているのだから、もうしないだろうということはもちろん相手もわかっている、という具合です。なんというか、これは勉強になりました」

たしかにこれは勉強になった。謝罪と許しを重視する文化もあるが、そうでない文化もある。そして、こうした文化の違いに直面するのは、なにも海の向こうへ渡ったときばかりではない。人間関係というのは、じつはどんなときでもある種の異文化体験だ。人は皆、それぞれに異なるレンズを通して現実を見ているのであり、場合によってはひどく度の強いレンズを通して見ていることもあるのだから。

家族の影響

人とのかかわり方の青写真となる重要な要素のひとつとして、まずは自分が生まれ育った家族の文化を考えてみるといい。子どものころに家族から失敗を恥ずかしいこととして教えられた人は、大人になって、自分の失敗に耐えるのが困難な場合がある。それは、単純に自分の間違いを認め、そのときに必要な「ごめんなさい」を口にするだけで、恥ずかしい思いをした子ども時代に引き戻されてしまうからだ。

また、家族にはそれぞれ、謝り方と謝罪の受け取り方の〝伝統〟がある。必要なときにも大人が謝らない家庭で育ち、「ごめんなさい」をほとんど口にしたことのない人のパターンを変えるのは難しいかもしれない。あるいは、逆に、謝ることがあまりに重大なこととして扱われる家庭で育ったがために、「ごめんなさい」を言葉どおりに受け取れず、謝罪に対して疑問を抱いてしまう人もいる。謝ろうとするだけで嫌な気持ちになるくらいなら、そのプロセス全体を避けて通ってしまおうと思うものなのかもしれない。

CASE 14

「謝れない男」はどう育てられたか

セラピーの患者さんにジェフリーという男性がいた。彼は相手が誰であっても、アレルギー反応を起こすみたいに、謝ることができなかった。「両親は兄に謝れとばかり言いましたし、いつも悪いのは私のほうだと決めつけていました。〝さあ、いますぐスコットに謝りなさい〟って。それで謝っても〝それでは本当に謝っていることになりません。ほら、もう一度、ちゃんと謝りなさい！〟って」

　ジェフリーにとってはそのプロセス全体が屈辱的で、その場にいると混乱してしまうということだった。そのうえ、父親のやり方がひどいもので、考えられるかぎりジェフリーの負担が大きくなるやり方で、謝れと迫ってくることもあったという。「父はキレると、怒りをぶつけるように大声で怒鳴るので、ぶたれるんじゃないかと思うんです。本当にぶたれたことはなかったですけれど。それで、あとになって泣きそうな声を出して、自分はどんなにひどいことをしたかと嘆くんです。酒を飲んでいるときにすがるように許しを求めてくるので、逆にこちらが肩を抱いて慰めてやらないといけないみたいになるんです。そういうときは怒鳴られているときと同じくらい嫌な気持ちでした」

大人になったジェフリーが選んだ解決策は、決して謝らないことだった。結婚した相手は謝罪を大事に考えていて、ジェフリーにも謝ることを求めた。しかし、しつこく要求されて、その結果謝ったとしても価値がないと言って、彼が変わることはなかった。

「謝罪とは何か」は人によって違う

いつ、どんなふうに謝るか。あるいはそもそも謝るべきか（またそれを受け入れるべきか）どうかに対する考え方は、人によって驚くほど違うものだ。ある友達ははっきりとこう言っている。「私は謝らないし、謝罪も受け入れない。人はこちらの怒りを鎮めようというふうに謝ってくる。でもその人たちの本音は、〝見なさいよ、こっちは謝っているんだからもういいでしょう。もう黙ってて〟って言いたいだけだもの」。その友達は、謝罪というものを、相手をなだめたり黙らせたりして自分が優位に立つための操縦に使うツールと考えているわけだ。

実際のところ、謝罪がただ会話を終わらせてそれ以上の批判を避けることだけを目的に使われることはある。あるいは、不公平だったり無責任だったりする行動の言い訳として使われることも。だが、私の考え方は違う。私にとって謝罪とは、それがまぎれもなく心からのものであるならば、謝られたほうは自分の価値を認められ、なだめられ、思いやりを受けていると感じ、また謝っているほうにとっても、幸福感と尊厳の回復につながるものになると信じている。謝罪をして関係を修復できるという可能性がなければ、完璧ではありえない人間としての経験は、ひどく悲劇的なものに感じられることだろう。

謝罪に対する私たちの考え方は、家族と文化に根差すものであり、それは何世代にもわたって引き継がれてきたものかもしれない。そうした考え方を、もめごとの中心から離れたところで探っていくと、自分たちにとってそれがどんなふうに機能しているかがわかり、必要であれば変えていくこともできるようになる。先ほどのジェフリーの場合は、セラピーを通じて、意地でもこちらからは謝らないという態度をとることで身動きできなくなるのでなく、彼の価値観と理想を反映させた謝り方があることを理解した。

「本物の男は謝らない」というジェンダーロール

謝らない人になってしまういちばんのリスク要因は、たぶん、男に生まれることだろう。それはおそらく、女に生まれることが謝りすぎの人になるいちばんのリスク要因であるのと同様のことだと言えるだろう。謝らない人は女性よりも男性に多いことを示す研究結果もあり、これはいろんな文化にまたがって広く当てはまるようだ。

ほとんどの親は、あえて自分の息子をジェームズ・ボンドやスーパーマンのように育てようとは思っていないが、それでも男女別のステレオタイプから完全に自由でいられる人はいないと言っていい。フェミニズムが古い男女別の社会的役割（ジェンダーロール）に異議を唱えてきた一方で、それらが私たちの考え方に根強く残っているのもまた事実だ。「男になれ！」と、ある父親が、サッカー場で泣いている8歳の息子に言っているのを、私は最近耳にしたところでもある。しばらく聞いたことのなかった言葉だが、〝男になれ〟がすなわち何を意味するかは、どんな子どもにもわかることだろう。それは、強くなれ、泣くな、優しくなりすぎたり、繊細すぎたり、脆すぎたりするな、めそめそするな……ようするに、女みたいになるな、ということだ。

私たちはいまも、人類の半分にあたる〝女性〟的だとラベルを貼ることで少年たちを辱めつづけている。私たちの息子たちは、いまでも自分以外の男性に対して、〝男らしさ〟を何度も証明することを強いられながら大人になる。そしてしばしばそれが、ステータスや支配、経済的成功として示される。一部の男性にとっては、謝るという行為そのもの、つまり単純に「私が悪かった。間違いがあった。ごめんなさい」と言うことが、耐えられないとまでは言わずとも、居心地の悪いことなのかもしれない。

ある男性はその気持ちをこんなふうに説明していた――「謝ると自分が弱くなった気がするんです。それは何かを失い、相手に優位な立場を譲りわたすみたいなものです。いったんこちらがガードを下げてしまうと、そこに付け込まれる可能性があるわけです」

ラドヤード・キプリングの詩に、男らしさに対するひとつの見方をとらえたものがある。これは、今日の私たちの社会でも相変わらず顕著に見られるものだ。

もし敵も愛ある友もおまえを傷つけることができぬなら、
もし万人に重きを置くも誰をもあてにしすぎぬなら、
もし容赦なき1分を
長距離走を走る60秒のごとく過ごすことができたなら、
この大地とその内にある全てのものはおまえのものとなり、

そして――それ以上に――息子よ、おまえは〝マン*〟となるだろう！

＊マン（Man）……人間、男性

これを現実に照らして考えてみるとどうだろうか。もしも友達に傷つけられることがありえず、誰のこともあまりあてにしないなら、人は孤立してしまう。そして、もし容赦なく困難が立ちはだかってきたときに、長距離走を走るように動きつづけていては、立ち止まってはじめて見える周囲との断絶に気づくこともないし、自分の中心をしっかり持ったうえで、自らの行動がどれほど誰かを傷つけたり、ないがしろにしたりしているかを考えるきっかけすら得ることもない。このような〝男らしい〟あり方は、謝ることが必要なときにも心からの謝罪とは結びつかない。

完璧主義という問題

全体的には、謝るのが苦手な人は男性に多くいる一方で、特定の個人を見てみれば、周りの男性より謝ることに抵抗を感じている女性の例もある。私の場合、夫のスティーヴとくらべてみると、少しだが彼のほうが私よりも簡単に謝ることができているようだ。それに、キプリングのようなものの見方を体現している人は女性にもいる。どんな人も、理想とする自己像に異論を投げかけられれば、守りに入って心を閉ざしたくなるものだろう。

人によっては自分の間違いを厳しくとらえすぎてしまうがために、他人に謝罪するだけの心の余裕が持てない場合もある。とりわけその人の自尊心が傷つきやすい領域（それは仕事だったり育児だったりする）においてはそうかもしれない。私の同僚がよい例だ。とても仕事のできる人でもあり、私は彼女が大好きなのだが、彼女は仕事に関しては、大小にかかわらず、自分がミスをしても絶対に謝らない。

その同僚とのあいだで、こんなことがあった。あるワークショップへの共同参加のことで午前10時に電話で打ち合わせをしようと、私は彼女と約束をしていた。打ち合わせは火曜の予定だったのだが、彼女は月曜に電話をしてきた。私が出られないでいると、携帯とＰＣにメールがあり、さらにふたつの番号に留守番メッセージが残されていた。「ハリエット、あなたいったいどこにいるの？」と。声のトーンから、私が出ないことへのいら立ちがまるわかりだった。

何時間かたって手があいたので、私は短いメールで約束は明日だと伝えた。すると彼女からは、ひと言だけの返信が来た。「わかった」と。

とりたててどうこう言うほどのことではないかもしれないが、ずいぶんと長いあいだ仕事を一緒にしてきて、そのあいだ、彼女はただの一度も謝ったことはないし、「あら、私が間違えてたのね」とか、「いやだ、私ったら何を考えてたんだろう」とか、「勘違いしてたわ」とかいう言葉を使うのを私は一度も聞いたことがないのだ。私はというと、仕事では簡単に謝るので、なぜ単純なミスを認めて謝る程度のことができないのか、なかなか理解できなかった。

本人が言うには、それは〝完璧主義〟であるがゆえに自己防衛の気持ちが働くのだそうだ。彼女をよく知る私の目から見ても、その自己診断には納得だ。実際、完璧主義は単純に謝ることを難しくしてしまうことがある。自分のあやまちや限界を明るい光のもとで、しかも自己肯定感を持って見ることは誰にとってもなかなかできることではないからだ。完璧主義は人によって、謝りすぎるか絶対に謝らないかのどちらにも表出することがあるが、彼女のように後者の傾向が強い人は実際多くいる。

自分の間違いを絶望的なまでの深刻さでとらえてしまうとき――あるいは、間違いによって自分がとるに足らない、劣った、だめな人間だと感じてしまうとき――その間違いを認め、謝るのは一段と難しくなる。間違いを認めて現実に向かい、心からの謝罪ができないということは、完璧主義者にとっては正当性や完全さを欠く感覚を残すことになり、その〝完璧でない〟ことによって謝ることへの抵抗感がさらに高まってしまうという悪循環が起こってしまうからだ。

自尊心が低いがための自己防衛

完璧主義者の自尊心とは、綱渡りのようなものでゆらぎやすい。全部そろっていなければ気がすまないその人たちは、自分の能力を気にする一方で、人間は皆ミスを犯しやすい〝不完全なもの〟であるという事実が見えなくなっていがちだ。だから、ちょっとした失敗や間違いを、たとえ自分に対してであっても認めるのはリスクが大きすぎると感じてしまうのかもしれない。エリザベス・キューブラー＝ロスは、賢明にも「私は大丈夫じゃない、それにあなたも大丈夫じゃない。だからそれで大丈夫」と言ったが、完璧主義の人々にはこういう言葉は響かない。[*8]

真剣な謝罪をするためには、自分の弱さを感じることを自分に許す、内なる強さが求められる。自分にできることとその限界の両方に、自分自身が触れる必要があるからだ。自尊心がしっかりしていれば、自己を織りなす縦横の糸が緩んでいくとか、あるいは何かを相手に譲りわたすような気持ちになることなく、悪いことをしたという自分の立場を認めることができる。

セラピストの仕事をしていると、患者さんがそれぞれに出会う絶対に謝らない人々について彼らが考え出した理論を数えきれないほど聞く機会がある。その例をいくつかここでご紹介したい。それぞれ少しずつ説明は違っているが、どの人も基本的には不安定な自尊心というテーマについて話している。

＊うちの妹は、完璧な暮らしをする完璧な人間だと自分を見せているから、神が禁じたみたいに絶対に謝らないんです。前に一度、昼間に訪ねていったら昼寝をしていたことがあって、不意打ちで恥をかかせたみたいになったんです。心の底では、彼女、自分のことをぜんぜんだめだと思ってるんじゃないでしょうか。

＊私の上司はとても不安定で、謝るということが、まるで負けを認めて敵に喉をさら

してしまったオオカミのように、組織での地位を失ってしまうように思うみたいなんです。

＊夫はとても支配的で頑固なので、批判されると議論モードに入ってしまい、ものごとをひっくり返して、何でも相手のせいにしてしまいます。

＊私の兄は、妻に謝るのは得策ではないと思っていて、絶対に謝りません。謝ると、それがさらなる批判の道具に使われるし、いまよりもっと見下されると思っているらしいんです。

自尊心は、自分のせいで誰かが負った傷がどういうものかをはっきりと理解する力にかかわるきわめて重要なものだ。自尊心がしっかりとしていればそれだけ、傷ついた相手に対する共感と思いやりを持つことができ、心の底からの謝罪ができるようになる。

「恥ずかしさ」が邪魔をする

恥ずかしさ――自分には人間として必要な何かが欠けていて、人のつながりの輪の中にいられないような感覚――ほど、自尊心を傷つけるものはない。罪の意識が良心の呵責を呼び起こし、謝罪せよという合図を私たちに送ってくる一方で、恥の感覚はその逆のことをする。ヒューストン大学で教授を務めるブレネー・ブラウンによる恥と弱さについての著作は、多くの男女がこの感情のいたずらの正体をつきとめ、そして、それにとらわれることなく勇気を持って話し、行動し、表舞台で活動するうえでの助けになってきた。

恥ずかしさと罪の意識は、はっきりと区別される別の感情である。[*9] 罪の意識とは、自分の中心をなす価値観と信念を壊すようなふるまいを自分がしたときに感じるものだ――ただし、良心がきちんと機能していることが前提になる。罪の意識を覚える経験というのは、たとえば友達の信頼を裏切ったとか、正直さの名のもとに誰かを傷つけたとか、あまり誇りにできない特定の行動とたいていは結びついている。

健全な罪の意識は、多くの女性が人から言われるままに身につけてきた、これといった理由もなく謝ってしまう習慣の裏にある感情とは別のものだ。後者は生産性のない罪悪感だから、健全な罪の意識とは切り離して考えなくてはならない。健全な罪の意識とは何かを生み出す動機となる〝よい罪悪感〟だ。それは、たとえば親切で、正直で、責任感のある、なりたいと思っている人物像から自分が離れてしまったとき――謝ってしかるべきときに、私たちに謝罪をうながすものだ。

そうした健全な罪の意識とは異なり、恥ずかしさは、ある行動だけの問題を超えてその人が根本的にどんな人であるかにかかわる感覚だ。ある友人はこれを、胸の悪くなる汚された感覚と呼んでいる。罪悪感が〝何をしたか〟にかかわる感情であるのに対して、恥ずかしさは、〝どんな人であるか〟にかかわる感情だ。人は、相手がこちらのみじめな真実の全てを知ってしまったなら、到底こちらのことを愛したり、敬意を持って接してくれたりできるはずがないと、心の奥底では思っているものだ。

耐えられない恥ずかしさから身を守るために私たちにできるのは、自分を小さく折りたたみ、暗い隅っこに隠れていることかもしれない。そうでなければ、ただ部屋にいるだけでも、場所をとりすぎたとか貴重な酸素を吸いすぎてしまったことに対して謝ることかもしれない。あるいは逆に恥ずかしい気持ちを振り切って、蔑みや傲慢さ、他人を支配する必要性や、相手を出し抜く力、支配力や優越性の誇示に変えてしまうことかもしれない。最後の選択肢を選ぶなら、その人は誰に対しても、何がなんでも謝らないで押し通すことだろう。

傾向として、謝りすぎは女性に多く、支配的な傾向は男性のほうによく見られるが、これについては例外も多く一般化は難しい。恥ずかしい思いをしないためにとられるこれらふたつのスタイルは、夜と昼くらい違ったものに見えるが、じつは自尊心の低さという1枚のコインの表と裏にすぎない。基本的に自分は優れていると感じている人と、基本的に自分は劣っていると感じている人のあいだには、じつはそれほどの差がないのだが、このことを本当に理解できるまでにはずいぶんと長い時間がかかった。恥が根底にある人にとって、賢く、上手に謝るというのは難しい課題なのだ。

人が、他人を傷つける自分の行動に正面から向き合い、本当に説明責任を果たしていくには、しっかりとした足場となる自尊心のプラットフォームを持っていなくてはならない。傷つけたほうの人は、そこに立ってはじめて視点を得ることができ、共感と良心の呵責に近づくことができる。そこからものごとを見渡すことができてはじめて、尊敬に値しない自分の行動に目を向け、謝ることができるのだ。もちろん、心から謝罪したとしてもそれだけでは深刻な間違いを正すことはできないが、最初の一歩にはなりえるだろう。

良心の呵責が感じられない人たち

何十年も前の話だが、サンフランシスコで、4人の娘のそれぞれと性交渉を持ったという ある聖職者に心理テストをおこなったことがあった。彼は、罪の意識や良心の呵責をまったく表現しなかった。家族の絆を大切にする、信仰に篤い人間として、彼は娘たちを食い物にするかもしれない見知らぬ人間と最初に性交渉を持たせたくなかったと主張した。私は、一人息子に対しては、性に関するなんらかの手ほどきをしたのかと尋ねたのだが、そのとき彼が私にぶつけてきた独善的な怒りの言葉を忘れることはできない。彼は椅子から立ち上がりながら、私の名前を吐き捨てるように呼び、こう言ったのだ。「それは罪です！」

ひどく人を傷つけながら、少しの良心の呵責も感じない人々を、いったいどうやって理解していけばよいのだろうか？　そもそも、そういう人たちはサイコパスであり、愛を感じたり、自分が傷つけた人に共感したりする能力が欠けているのだと考えてもよいかもしれない。それが当てはまる人というのはいるのだ。前述の男性は、多くの面ではふつうの人と変わりないのだが、ふつうの親なら想像もできないタイプの暴力にかかわっていた。けれど、それはそうとしても人間とはどこまでも自分を欺くことができるものだ。

犯した罪の大きさと恥ずかしい気持ちが大きければ大きくなるほど、加害者が傷ついた相手に共感し良心の呵責を感じることは難しくなる。その代わりに、「あれは私のせいではない」とか、「仕方がなかった」とか、「それほど悪いことではなかった」とかいう言葉を自分にかける。自己弁護の説明は、自己欺瞞がいっそう深いレベルで働くのに合わせて、しばしば責任を傷ついた相手の側にシフトさせてしまう。「彼女のほうが本当はそれを求めていた」とか、「彼のためによかれと思ってやった」とか、「それが必要だった」とか、さらには「そんなことはなかった」などの言葉を自分に言い聞かせるようにしている。

個人の生活においても、政治的な文脈においても、私たちはみんな自分の価値観に反することをしてしまったり、他人を傷つけてしまったりしたという恥ずかしさに向き合えないとき、自己防衛の壁を何層にも重ねようとすることがある。深刻な罪を犯したときよりも、簡単なことに対してのほうが簡単に謝罪できるのは、そういうわけだ。

人は自分のアイデンティティーや価値観が軽んじられたり、無視されたりする危機を感じると、心からの謝罪によって信頼を取り戻すという大変な課題に向き合うことができなくなるものだ。それよりも、自分自身を合理化や矮小化や否定のブランケットで包み隠して生きのびようとする道のほうを選びやすい。それを選んだときにはもう、自己防衛の壁はたんなる道をふさぐバリケードのようなものではなくなり、自己防衛がその人の住処となる。

悪のレッテルを貼っても反省にはつながらない

悪いことをしても絶対に謝らない頑固な人に会ったときに、（自分のことを）責めてくる人を責め、（自分のことを）恥ずかしめる人こそ己を恥ずべきだと思いたくなる衝動があったとしても、それは人間として自然なことだ。問題は、それが何の役にも立たないことだ。相手のしたことが小さなことでも、深刻なものであってもそれは同じだ。強情っぱりのラベルを貼って診断を下したとしても、その人の自己防衛の壁を厚くするだけであって、心を開かせることはできない。

それは、その人が自分に「加害者」とか、「虐待者」とか、「毒親」といったラベルを貼られることを受け入れたくないという、病的なまでの否定のあらわれであるだけではない。自分がした悪いおこないによって定義づけられたアイデンティティーを引き受けるのを拒絶するというのは、自尊心を保とうとする健全な抵抗の行為だ。もしも、その人の人間としてのアイデンティティーが、その人の最悪の行為と同等のものとして扱われてしまったら、責任を認めることも、悲しみや良心の呵責という言葉が表す心の底にある気持ちに触れることもできなくなってしまうかもしれない。それは、いくらかでも残っている自尊心を、全部壊してしまうような扱いだからだ。

セラピストの仕事を通して、私はこれまでにも男女を問わず、深刻な罪を犯した人々に接してきたが、そういう人たちに対しても、罪がその人を定義づけるという考えには抵抗するよううながしてきた。治療の場では、誰かの息子、兄弟、夫、隣人、あるいは一家の大黒柱と立場はどうであれ、患者さん自身が、他人から見られたい自分の姿でその人が経験した出来事を思い出し、共有する機会を持つことができる。その人が傷ついた相手の痛みに共感し、心の底から謝罪して、二度と同じことが起こらないよう努力する道を見つけていくことは、その人の自尊心のプラットフォームを広げることによってしかできない。

他人に深刻な危害を加えた人々にも、その人を悪人とか病気だとかいうラベルを貼るのではなく、暴力的な行為に対して言い訳を認めない一方で、自尊心を高める治療プログラムを通して近づくのがベストなやり方なのだ。[*10]

ある人が誰かを身体的に傷つけたとき、「ごめんなさい」という言葉だけでは明らかに足りない。求められることはもっとほかにある。傷つけた側の人間は、刑務所に入ったり、奉仕活動をしたり、意味のあるボランティア活動に参加したりするだろう。私の患者さんで、妻を殴ったある男性は、過去に自分をコントロールできずにしてしまった行動をどれほど深刻にとらえているかを妻に示したい気持ちから、女性のためのシェルターで、土曜日の午前中に働き、寄付をしている。

人にラベルを貼ったり、恥ずかしい思いをさせたりしてしまう（〞彼は性犯罪者だ〟のように）と、贖罪と前向きな変化の可能性を狭めてしまうことになる。深刻な罪に対する心からの謝罪というのは、自分の間違いを人間であることの一部と見ることができ、多面的でつねに変わりゆく自己の全体像から離れないでいられる人によってしかできない。傷つけた側の人にラベルを貼ったり、その人を悪魔のように扱ったりしても、心を開かせ、気持ちを和らげ、その人の自己防衛の壁を打ち破ることにはつながらない。それどころか、まったく逆のことが起こってしまう。

自身の過去に責任をなすりつける

相手に恥ずかしい思いをさせても役に立たない一方で、傷つけた側が、言い訳や心理的な合理化に頼るのを許してしまうのも同様に役に立たない。もしも私たちが、罪を犯したその人のことを、力も選択肢も意思も持たない人だと見てしまったら、その人は自分のしたことに対して本当の説明責任を果たす機会を失ってしまう。このことは、弱い者いじめをする子どもであっても、犯罪の常習者であっても同じことだ。

ニューヨーカー誌に掲載されたボブ・マンコフの漫画にこんなひとコマがあった。証言台に立った女性がこんなふうに言うのだ。「彼の浮気は子どものころに受けた虐待が原因だってことはわかっています。でも、私が彼を撃ったのは、私が受けていた虐待のせいなんです」

つまり、その人の心理を説明したところで、その人の決断と行動の有害な結果に対して、責任逃れになってしまうときには、役には立たない。

罪を犯した人が、責任を引き受ける力を否定され、言い訳と心理的な合理化に頼ることが許されてしまったときには、自尊心も尊厳も保つことができない。

過去と現在が人の行動にどう影響しているかを考えることは必要だが、その一方で、人が経験した過去の困難や現在のつらい状況がその人のひどいふるまいを引き起こすわけではない。トラウマになるような過去がある人や恐ろしい体験をいましている人であっても、そのほとんどは他人を傷つけたりしない。むしろ、そうした人の多くは愛情深い親になったり、よき市民になったりしている。

謝らない人へのアプローチ

いちばんの緊急課題――もっとも切実に聞いてもらいたい、わかってもらいたいと感じる問題――は、自分がもっとも信頼を置いていた人々に裏切られたと感じることだ。セラピストの仕事をしていると、傷つけられた側の人が、傷つけた相手に立ち向かっていきたがるというケースに出会う。相手は親や家族であることが多く、立ち向かっていく本人は、心からの謝罪を相手から得ることを期待している。つまり、いったんは無視されていた非を相手がはっきりと認め、問題となった出来事ややりとりが実際にあったことと、それが自分を傷つけるものであったという事実を認めることが含まれる謝罪だ。

しかし、そんなことをしても、待ち望んでいた結果を得られるどころか、傷ついた側の人は、もう一度傷つくだけで終わることがある。深刻な傷を相手に与える人の多くは、自分が人を傷つけたことを認めることができるところまでたどり着くことすらなく、ましてや、謝って修復しようなどと思うことはない。その人たちの恥の感覚は、彼らが持つ現実に向き合う力よりも、否定や自己欺瞞につながっていく。自分に対して正直になれない人が、他人に対して正直になれるはずがない。

あなたを傷つけた人と対話を始めるときには、まずは自分を守ることを最優先に考えてほしい。あなたの求める回答がなされることへの期待値はゼロまで落としておくのがよいだろう。あなたにできることは真実を話すことだけ。なぜなら、あなたは自分を守るために話す必要があるのだから。どんな回答を得ることになろうとも、ここはあなた自身が立つマウンドだ。相手がどう打ち返してくるかはあなたにはコントロールできないけれど、あなたは投げるべき球を投げればよいのだ。いまを逃したら心からの謝罪を得られる機会は二度とやってきそうにないのだから。

非を認め謝ることで、自分にとって耐えがたいイメージで人から見られるようになってしまう恐れがあるとしたら、誰も責任を認めようとは思わないだろうし、自分が悪かったと思いたくもないだろう。人が自分が悪いことをしたと認めたとしても、それはその人があなたのことをどのくらい好きかどうかとは関係がないのだ。むしろ、責任を引き受け、共感と思いやりを感じ、意味のある謝罪を伝えることができるかどうかは、その人の持つ自己愛、自尊心の確かさに左右されるものだ。そして自己愛や自尊心といったものは他人にはどうすることもできず、自分自身で育むしかない。

CHAPTER 06

謝罪を導く立ち回り方

何がどうなっても絶対に謝らない人はいるもので、それは変えようと思っても変わらない。そうした人たちは、あまりに自己防衛の壁が厚く、恥の感覚に縛られているので、自分のことを客観的に見ることができないし、見ようともしない。自分に非があったとしても、あっさり認めることは決してない。

しかし、謝罪をして和解するという課題は、多くの場合、ふたり以上が一緒に踊るダンスのようなもので、それがどんなものになるかは文脈と状況によって異なってくる。どういうことかと言うと、あなたが必要と考えるような謝罪が得られない場合、そんなつもりはなくても、問題を大きくしている要因があなたのほうにもあるかもしれないということだ。言うまでもないが、いま自分が苦しんでいて、持ってあたりまえの不満を抱えているときに、こんな話を聞きたい人はいない。それでも聞いておくことが私たちには必要だ。

こちらから何を働きかけたところで、他人に自己防衛のバリアを解かせ、素直に非を認めさせることはできない。それに、悪いことをした相手が謝るべきときに謝らないからといって、その責任があなたにあるわけではない。だが、その人が守りの壁をさらに厚くしてしまうのを避け、外の音を聞こえなくしている心の垣根を跳び越えて、話を聞いてもらえるベストな機会を持てるようにすることならあなたにもできる。

CHAPTER04で紹介したキャサリンは、娘に対して献身的で勇敢な聞き手となったが、あのような家族や友達が近くにいることは少ない。もしもあなたが怒ったまま、あるいは批判的なトーンで相手にぶつかっていったなら、光の速さで、相手の「いや、でも、でも……」という反応が挟まってきて、その人が謝るきっかけを潰してしまう可能性だって十分にある。

たとえ、こちらが求める謝罪が、比較的小さな問題に関するものであったとしても、自分の言い分を誇張したり強い態度に出すぎたりすれば、相手は守りの壁を厚くしてしまうばかりだろう。あなたにとって重要なのは、相手との関係の中であなた自身がどう立ち回るかなのだ。そのために、ここに挙げるいくつかのアイデアを心にとどめておいてほしい。

【その1】紛れもない事実だけを伝える

必要以上に責め立てられている、あるいは自覚している以上にこちらが悪いと決めつけられたと感じるとき、人は謝らない。ある人はそれをこんなふうに表現している。「妻に批判されると、謝る気がしないのは、自分の頭をまな板にでも押しつけられているような気分になるからなんです。もし謝ったら、私がその問題の全てだという点で、妻に同意することになります。そんなことはないですから」

ほんの少しであっても、事実を誇張するところがあれば、相手が守りの壁をさらに厚くしてしまうことはある。たとえばあなたの夫や妻が、先月仕事の帰りが遅かったことが6回あったとして、いつも帰りが遅かったと責めたら、言われたほうはあなたが伝えたい正当な不満を受け入れるよりも、事実を訂正することに意識を集中させてしまうのではないか。

ここである夫婦の会話の一部を紹介したいのだが、これについて少し考えてみてほしい。ふたりは私のカウンセリングルームに相談にきた夫婦だ。

夫――きみは午前中ずっと失礼で批判的な態度をとっていたけど、ぼくがいちばんいらいらしているのは、きみがそのことを謝る素振りすら見せないことなんだ。

妻――午前中ずっと？　私があなたに失礼な態度をとったのって、何回あった？

夫――7回くらいかな。

妻――私が失礼な態度をとったのは3回だけよ。あなたは7回だったと考えるのね？　なら、私があなたに失礼な態度をとったっていう、その7回のことをひとつひとつ説明してほしいわ。具体的に。

夫――何回って、回数はどうでもいいんだ。本当に不快なのは、きみが失礼なことをしておきながら、まるで何もなかったかのようにふるまうことなんだよ。

妻――じゃあ、どうしてそんなに大げさに言わないといけないわけ？　どうして、私が3回失礼な態度をとったって言えないわけ？　大げさに言ったこと、謝ったらどうなの？

正確でない批判をされると、誰でも守りの姿勢でしか話を聞けなくなるものだ。そのような状態では、話の要点は頭に入らず、流れの中に含まれる誇張や歪曲、不正確さばかりにどうしても注意が行ってしまう。それで、会話は事実の訂正合戦になってしまうこともある。そうした議論モードにいったん入ってしまうと、謝ったら負けだと思えてくるものだ。

【その2】罪を憎んで人を憎まず

ここでひとつ、私がプライベートでやってしまった、最悪な言いすぎの事例をご紹介したい。相手は夫のスティーヴ、つまり、私にとっては一緒にいるといちばん自分のことが見えなくなってしまう相手だ。日常のストレスを彼にぶつけてしまうこともあるわけだが、そうは言っても誰が私を責められるだろうか？　結局のところ、パートナーは何のためにいるのかという話にもなるだろう。

CASE 15

何度注意しても直らない夫をなじってしまう

最近の話だが、スティーヴが近くの生協でバナナを5本買って帰ってきたときのことだ。その5本の熟れ具合がみんな同じくらいだったので、私はすぐさま、だめ出しをした。うちは夫婦だけの世帯で、ふたりともそれほどバナナをたくさん食べるわけではないし、どちらもバナナブレッドを焼くわけではないこともわかっている。だから私としては、それまでも何度となく話したバナナの件を彼が思い出して、ああそうだったと肩を落として後悔しはじめると思ったのだ。

そのときの私は、仕事で自信をなくすような出来事があったばかりで機嫌が悪かった。そこにある事実（バナナをがつがつ食べなければ、3本はゴミ箱行きになる）から、一足飛びに卑怯な戦術（〝飢餓に苦しんでいる人がいるというのに、食べ物を腐らせて平気でいられるなんて、どんな種類の人間なの？〟）に飛びつき、そして最後にはこんなことを言った。「あなたいったいどうしたの？」

そして、さらには「バナナのことは二度と起こらないようにします」と言わせるとともに、彼に謝罪を求めたのだ。

「そんな話は聞きたくないよ」と、スティーヴはいら立ちを隠さず言った。「ぼくのやり方を批判するなら、買い物は自分ですればいい」

私は言い返したあとで、足を踏み鳴らしてその場を立ち去った。

どうして突然、私が悪者になってしまうのか？　いろいろ言ったところで結局のところ、私なら同じ熟れ具合のバナナ5本を一度に買うことはないし、そうすることで私はよりよい世界市民になれるし、より成熟した人間にもなれることは明らかだ。それに、なぜスティーヴは、明らかな自分の失敗について、それほどまでに自己防衛しないといけなかったのか？　私の建設的な訂正と批判を受けることができて、幸運だったと感じるべきではなかったのか？

もしも、誰かに自分のしたことを振り返り、謝ってほしいと思うなら、よいコミュニケーションのためのいちばん基本的なルールを忘れてはならない。批判するなら、人ではなく行動を。とは言っても、感情が激しく揺らいでいるときには、気づかないうちにテンションが上がっていることもある。私の場合、10秒のうちに、目の前の事実（熟したバナナを5本買えば、3本を腐らせてしまう）を、どんな種類の人間ならそんなことをするのかと問い詰めることに話を飛躍させてしまった。私たちの場合、おたがいの前では成熟した思慮深い人間でいられないところがあり、それが長続きの秘訣でもあるのだが、注意は必要だ。

【その3】批判の矛先はひとつに

批判というのはどこからがやりすぎなのか微妙であるため、見極めが難しい。誰かの責任を追及しようとするとき、私たちは、その人の行動だけでなく、その行動に対するこちらの反応の責任までも追及してしまうことがある。友人のボブがこんなことを言っていた。

CASE 16

夫の謝る気をそぐ妻の叱責

「最近、うちの仕事部屋が散らかっていてね。その部屋はジルと共同で使っているんだけれど、彼女はぼくより整理整頓ができる人なんだ。それで、ぼくの机の上や床の上に散乱している書類の束を見てこう言ったんだよ。〝この部屋へ足を踏み入れるたびに、うちの家庭が完全にばらばらになってしまったような気がする〟って」

ボブは続けてまくしたてた。

「完全にばらばらになってしまったって⁉　うちの家庭が？　ぼくは14年間ずっと彼女の勤勉で忠実なパートナーだったというのに、仕事部屋のぼくのスペースが散らかっているからって、それだけで彼女のまわりで何もかもが崩れ去っていくように感じているだなんて。それで、ぼくはこう言ったんだ。〝それはものすごく極端な発言だね〟って。返ってきた答えはシンプルなものだったよ。〝まあ、でもそれが私の気持ちよ〟だとさ」

ボブは床に散らばっていた書類を拾ったが、謝る気持ちを奮い起こせるほど大人にはなれなかった。

彼の言い分としては、「あんなに責めるのはやりすぎ」だったのだ。ジルは攻撃しているととられないように「私」を主語にした表現を使ってはいたものの、意味もトーンも、それが露骨な非難であることは明らかだった。ジルの視点から見れば、それは自分の気持ちを共有しようとしただけだった。だが、ボブは自分が責任を取れと言われているように感じた。それも、自分が散らかしていることだけでなく、家庭がばらばらになってしまいそうだという、ジルの気持ちに対してまで責任を求められるように感じたのだ。自分の思慮のない行動に対しても謝ることが難しくなってしまったのはそのためだ。ボブは自分の散らかした場所は片づけたが、自分は配慮の足りない人というよりも、犠牲になった人のような気持ちになっていた。

【その4】しゃべりすぎない

心に傷や怒りを抱えた側の人にとっては、理屈は易しいが行動に移すのは難しい、とても重要な原則がひとつある。それは、話は短くということだ。

もしも、絶対に謝らない相手に――もしくは、いろいろな意味で難しい人や守りの堅い人に――何かを伝えたいときに思い出してほしいのは、こちらのことをしゃべりすぎると、相手は話を聞かなくなるということだ。これは、あなたが問題にしようとしている加害の大きさに関係なく当てはまる。

人は相手の言うことを聞きたくなくなると、取り込める情報が極端に少なくなってしまう。こちらが長々としゃべりつづけても、相手は心を閉ざし、感情の領域を空っぽにしてしまうだけなので、結局はこちらの怒りや痛みから相手を守ることにしかならない。そのような状態では、あなたの話をしっかりと受けとめ、もっともだと思える点についてよく考える余裕などなくなってしまう。これは相手が若くても高齢でも起こることだ。

以前、著書『女性が母親になるとき』の執筆に向けてリサーチをしていたとき、家族セッションに参加していた子どもたちに、お父さんかお母さんのどちらでも、家族をよくするためにできると思うことがあればひとつ教えてほしいと頼んでみた。「ママはもっと話を短くしてほしい！」とか、「パパは、私にもっと責任を持ちなさいって言うけれど、そのあとの話が長くって、最初になんて言ったのかも忘れてしまうよ」といった答えがよく聞かれた。

私にも思い当たるところはある。下の息子のベンが高校3年生だったころ、部屋を片づけないでテレビばかり見ているのを注意したときのことだ。私はくどくどとお説教を続けたけれど、目の前の息子の目は、どこかよそを見ているし、脳波もほとんど反応してないんじゃないかと思うくらい、まったく話が耳に入っていないのは明らかだった。

もしも話を聞いてもらい、心からの謝罪や行動の変化が挟まる余地をつくりたいと思うなら、簡潔さを選ぼう。どうしても言いすぎてしまう傾向がある人にとっては、これはとくに難しい課題だろう。それは、相手にその人の間違いを、きちんとわからせようと思うあまりしゃべりすぎてしまう、私自身の姿でもあった。

CASE 17

感謝されないことへの腹立たしさを伝えたい

アランとは30年来の知り合いで、彼の住むシカゴへ行くときには、夕食に誘って一緒に出かけることがよくあった。シカゴでの仕事のときには、出版社のクレジットカードで食事ができる贅沢が許されていた時期があったのだ。
　私はカードをテーブルにどんと置いて、「太っ腹の出版社に乾杯！」みたいなことをよく言っていた。とにかく、いちばんいいレストランで食事をし、ワインに詳しいアランが選ぶいいワインを飲んでいた。ワイングラスをカチンと合わせるとき、彼が一度も「ありがとう」と言ったり、私の話に合わせて「出版社が支払ってくれるなんてありがたいね」のようなことを言ったことがないことに私は気づいていた。

　そのころはそれでとくに困ったことはなかった。だが、食事代を自分で支払うようになってからはそうはいかなくなった。それで、伝票が来たときに、私はそのことを会話に混ぜ込んで遠回しに伝えた。収入に差があるので、私のおごりを期待する彼の気持ちは理解できたが、ひと言も感謝の言葉を口にしないことに対してだんだん腹が立ってきた。

　ありがとうと言うだけのことが、どうしてそんなに難しいのだろうか？　そのことをアランに言いたかったのだが、いざ言おうとしてためらった。アランは思っていることを何でもオープンに話すタイプではないし、しょっちゅう顔を合わすわけではないから、もしどちらかにでもわだかまりが残ってしまったら、修復するのが難しいと思ったのだ。それに、彼が経済的にうまくいっていないことを知っていたので、割り勘にしようと言うのも気が引けた。

　そこで、私は息子のマットに電話で相談してみることにした。マットは、言いにくいことをはっきりと主張しながらも、軽い感じで伝えられるという、まれな才能の持ち主で、私はいつも感心している。話をするときは、くどくどと長くなることがなく、それに、相手と異なる意見やふつうなら言いにくい視点からの発言も、とげとげした響きを感じさせることはない。そのスタイルは、職場で部下たちのいちばんいいところを引き出すうえでも役立っているようだ。

「ゴールはどこなの?」とマットに聞かれた。

話を持ち出すべきか、波風を立てずに自分の心の中だけにとどめておくべきかどうかについて意見を求めると、返ってきたのはこんな言葉だった。「母さんはどうしたいの?」

「アランに悪いことをしたなって思ってほしいの」と、私は答えた。

「それは大人の考え方ではないな」。マットは、こう言って笑った。

もちろん、アランには悪かったと言って謝ってほしかったし、これから先はありがとうと言うようになってほしいと私は思っていた。けれどそれと同時に、アランには自分のマナーの悪さと感謝の足りなさをよく考えて、少なくとも彼の失礼な態度について考えることに私が費やしたのと同じだけの時間を、ばつの悪さと自責の念を感じながら過ごしてほしいと思っていた。

「それで、彼には何て言うの?」とマットが尋ねた。

私はだいたいこんなふうに言うつもりだと答えた。
「アラン、ずっと前から話したいと思ってたことがあるの。食事をするときいつも支払いは私持ちよね。それはかまわないんだけど。でもね、あなたがお礼を言わないこと、いい気はしてないの。いままで一度もありがとうも、別の感謝の言葉も言ってくれたことがないでしょう。

それはそれでいいんだと思うようにして何年も来たけど、やっぱりおかしいと思うわ。出版社が支払いを持ってくれていたときですら、〝いいわ、私の出版社にまであなたが感謝する必要はないけど、それでも少しは感謝の気持ちを表現してもいいのに〟くらいのことは思っていたのに、状況が変わって、私が自腹で払うようになったのを知ってもあなたの態度は変わらなかった。

つまり、あなたはたったの一度も私にありがとうを言っていない。もしかしたら自分より稼いでいる人には感謝する必要がないと思っているのかもしれないわね。私はあなたが思っているほどたくさん稼いではないけれど。あるいは、あなたは経済的に大変な状態にあったから、誰かにおごってもらって当然と思っていたのかもしれないわね。

でも、テーブルに伝票が来て、目の前で私がクレジットカードを出していても、あなたは文字どおり黙ってそこに座ったままでいる。それはひどく嫌な気のすることだということは言っておきたいんです。そもそも、こうした態度を失礼だと思っていないことが不思議に思えてなりません。なぜって、あなたはＴＰＯをわきまえた服装とか、ディナーパーティーのテーブルセッティングがどうとか、細かいことをよく知っている人だもの。だから、どうしてそのような行動をとるのか、私には理解できないし、さっきも言ったけれど、本当に嫌なことなので説明してほしいのです。

もちろん、謝ってくれるならありがたく受けとめるわ。でもそれは難しいことでしょうね。〝ありがとう〟を言えない人が、〝ごめんなさい〟を言うとは考えにくいことだから」

さらに何パラグラフ分かしゃべったところで、やっと言葉が尽きた。電話の向こうでは沈黙が流れていた。私はなんとも哀れな気持ちに襲われた。自分自身に対してもだ。

「それで、あなただったらなんて言うの？」と私はマットに尋ねた。

マットの答えは簡潔だった。

「アラン、私が伝票を取り上げたら、本当はありがとうって言ってほしいのよ」

批判は長くて3文まで

マットがワンセンテンスで言った言葉を聞いて、なるほどと思った。行動の変化を求めるリクエストもひと言だけなら、私にありがとうと言わないことについて考え、マナーの悪さについて謝る機会をアランに与えることができるだろう。翻って私のくどくどと長いお説教は、最初の15秒だけでも守りの壁を厚くさせてしまうだけだったのではないか。

相手に話が通じないと思い込んでいると、そのせいで議論が激しくなったり、長くなったりしてしまうことがある。それでは話す意味がない――それに、たいていの場合はさらに傷が深まるだけだ。気づかずにしてしまうことかもしれないが、声のトーンや単純に語数の多さが、問題を大きくする原因になっている場合もある。多くの人は何度失敗を繰り返しても、わかってもらいたいがためにあれもこれもとたくさん話せばそれだけ、相手にその人がしたことの反論の余地のない真実が伝わり、その人がもたらした傷の深さに気づいてもらえるものだと信じている。

大規模な調査をおこなったわけではないが、これまで観察してきたところでは、感情の絡むテーマについて話すとき、語数が多くなるほど相手が心を閉ざしてしまうまでの時間は短くなるものだ。ためしに、悪いことをした相手を批判するときには、3文までで言い切るようにして、そこでやめてみてほしい。たとえば、「車で送っていくときには、ありがとうと言ってほしい」とか、「2週続けてゴミ捨てを忘れてたわ」とか、「パーティーで飲みすぎるのを見てるのは気持ちよくないの。それから、母に失礼な態度をとるのは許されることではないわ」という感じで。

その際に気をつけたいのは、いら立ちが声に混ざらないようにすることだ。相手のテンションを上げてしまったり、かたくなな反応を引き出したりしてしまうと、結局は同じ結果にしかつながらないからだ。

当然ながら、途切れたつながりを修復し、あなたの怒りや痛みの大きさを相手に理解してもらうためには、もっと長い会話が必要となる場合も多いことはたしかだ。しかし、大切な話を進めていくためには、最初は短い会話で始めるほうがうまくいく。

【その5】感情の爆発が思わぬ突破口になる

一般的に言って、悪いことをした相手にあなたの言葉がよく届くのは、あなた自身が落ち着いているときにアプローチした場合だ――できれば、その人のことを好きだと思えるときがよい。以前の私は、タイミングや戦術は、誠実さと対極にあるものと考えていたが、じつはその逆だった。タイミングと戦術、そして親切さがそこに加わることで、扱いにくく守りの壁の固い相手に対して、率直に伝えることが可能になる。

言い換えれば、タイミングによっては、むき出しの感情表現が相手の守りの壁を突き破り、話を聞こえなくしていた心のバリアを越えていくときがあるということだ。大事なことなので少し補足しておくと、あなたの感情が、相手だけでなくあなた自身も驚くようなかたちで噴き出す場合にだけ起こる。つまり、めったに起こることではないし、必ずそうなるわけでもない。

CASE 18

不倫夫を悔い改めさせた妻の叫び

私のセラピーの患者のひとり、キャシーは、地元の大学で講師をしている夫が、どうやら教え子の大学院生に好意を持っているらしいことを知ってしまった。なんとなく気になって、夫のメールボックスの削除済みフォルダを開いてみると、そこには夫が書いた挑発的でセクシーな内容のメッセージが残されていたのだという。たとえばこんな内容だ。「月曜日、ぼくのオフィスから送り出すときハグしなかっただろ、あれはそこで止められる自信がなかったからなんだ」。そこから察するに、身体の関係は（まだ）ないようだということだった。

キャシーはすぐに夫を問い正した。エンドレスな話し合いが始まったのはそこからだ。彼女は正論をならべ、メールを読んであふれてきた感情を全部ぶちまけた。夫に対する立場をはっきりと示し、学生にこんなちょっかいを出すのをやめなければ、どんなリスクが待っているかを話して聞かせた。おそらくは、彼女は言えるかぎりのことを全部吐き出したことだろう。夫は謝り、おこないを改めると言った。妻のために花を買い、許しを乞うた。

キャシーは私と同じセラピストなのだが、このときもやはりセラピストのように話したそうだ。落ち着いて話すことが大事だと思っていたので、気持ちを落ち着かせ、「私」を主語にして話し、テンションが上がらないように気をつけながら、メッセージがきちんと伝わるように心がけた。問題は、キャシーはだいたいいつもそのような話し方をしているということだった。彼女はもともと控えめなタイプで、あまり抑揚のある話し方をしない。妹からはからかい半分に、〝一本調子のキャシー〟と呼ばれることがあるくらいだ。

しかしその後のある晩、夫の心が自分から離れ、何かで頭がいっぱいになっているような気がしたとき、キャシーはそれだけで〝ブチ切れて〟しまった。急に声を荒げ、あの院生のことを持ち出して、夫を責め立てたのだ。

「喉が痛くなるほど叫んだわ」とキャシーは言った。「ほんとに痛めてしまったんじゃないかと思うくらいに」

2、3分かそこら、叫びつづけたあと、キャシーは寝室のせまいクローゼットにこもり、床に突っ伏して、コントロールできないままに泣きつづけた。夫が「出てきてくれ、それがだめでもせめて扉だけでもあけてくれないか」と頼んでも聞かず、そして、その晩は別々の部屋で寝た。

発作のようなこの出来事のおかげで、それまでキャシーがどれだけ話しても伝わらなかったことが、夫に伝わっていた。いつものやり方である、「私」を主語にした〝よいコミュニケーション〟ではできないやり方で、夫の心の鍵をあけることができたのだ。

キャシーの言葉を借りれば、ブチ切れたことが結果的にうまく働き、夫の心に刺さることになったのだろう。夫は謝罪を裏づけるように、行動も改め、その結果、彼が伝えた謝罪の言葉は意味を持つことになった。

ブチ切れるのがあなたにとって、めったにあることではなく、自分でも驚くくらい、いつものあなたらしくない行為なら——またそれが誰かを傷つけることにならないのなら——感情をむき出しにして見せることが、深いレベルで相手の心に届くということもあるのだ。

【その6】恥をかかせてはいけない

地元のスーパーマーケットで、子どもが売り場のキャンディーを手づかみで取って上着のポケットに入れていたのを、店を出るときになってはじめて気づいた母親が叱る声をそばで聞いていたことがあった。最初はうまい言い方で始まったと思った。母親はこう言った。「あなたのものじゃないものを取るのは悪いこと。法律を破ったことにもなるのよ。さあ、お店に戻って、キャンディーを取ってしまったことを謝りにいきましょう」

しかし、息子が何も言わないでいると、母親は、いまその息子の行動（彼が何をしたか）を批判していたのが、その子の人格（彼が何者であるか）への攻撃に変わってしまったのだ。「こんなことしたなんて、信じられない。正直な子だと思ってたのに。もうあなたのことは信用できません。あなたにはがっかりしました」。息子はせいぜい7歳くらいだろう。

「ごめんなさい」。男の子はそう言ったが、うなだれて、母親とは目を合わさない。人に恥をかかせれば——相手が7歳でも70歳でも——無理にでも謝らせることはできるかもしれないが、それは恥をかくという耐えがたい感覚から逃れたい気持ちから出てくるものになりがちだ。

人に恥をかかせれば、ちょっとしたジョークとともに「ごめん」のひと言が引き出せることさえあるかもしれない。なぜなら恥とはそれほどまでにパワフルだからだ。もしも恥をかかせた相手が、あなたとの力関係で下の立場なら、それによってあなたにしたがわせ、義務感から謝らせることはできるかもしれない。しかし恥の感情は、内省や自己観察や人間的成長をうながすものではない。それらは基本的に自分を愛する作業であって、自分を卑下したり、責めたりするような空気の中で育つものではないのだ。

私の好きな漫画『ピーナッツ』の中で、ルーシーが5セントでアドバイスをくれる精神分析スタンドに、チャーリー・ブラウンが相談にいくというものがある。「あなたの困ったところはね、チャーリー・ブラウン」。ルーシーはこんなふうに言う。「それはあなたがあなただっていうことなの」。さて、チャーリー・ブラウンはそれをどうしたらいいのだろうか？　私たちは自分が〝何をしたか〟に対して謝ることはできる。けれども、私たちが〝何者であるか〟に対しては、謝ることはできない。

誰かのある特定の行動に対する批判だったのが、ハンマーを持って、すでに壊れそうになっているその人の自尊心を壊しにいくことに変わってしまったら、その相手が自分のおこないについて考え、された側への共感と良心の呵責を感じ、そして修正への動機づけを得る可能性を狭めてしまうことになる。人に恥をかかせることは、その傷が何年もあとになるまで表面化することがなくても、その人との関係を根本から傷つけてしまうものでもある。

責任範囲の混乱という厄介な問題に取り組む

謝罪と修復のプロセスは、何に対する責任が誰にあるのかがはっきりしなくなると、複雑なものになってくる。もしあなたが傷ついたり怒ったりしている側の当事者なら、あなた自身をもちろん含めて、その複雑になってしまった〝人間関係のダンス〟を踊る関係者ひとりひとりをできるだけ冷静な目で見るように心がけたい。それを整理するのは、簡単なことではないのだから。

CHAPTER02で紹介した、床に自分の子どもが頭を打ちつけていることに対して、うちの息子のマットに謝れと言った母親の話を思い出してほしい。極端な例だと思われたかもしれないが、〝何の責任が誰にある〟についての混乱は、人間関係に染みわたるものだ。感情がたかぶっているときには、それを整理するのはとりわけ難しくなり、私たちはつい、本当はどちらにも責任のあることを片方だけに押しつけてしまうという間違いを犯しがちだ。

典型的な混乱の例──ヘンゼルとグレーテル

ある患者さんが、あるとき私にこう言った。「父の再婚相手がものすごく支配的な人なんです。父は自分の家から私に電話してくることもできなくて。だから、話は仕事に出ているあいだにしなくちゃならないんです」

彼女が思い至らなかったのは、お父さんには子どもたちとの関係を守る責任があり、いつ、どこから娘に電話をかけるかは自分で決めることだと、愛情を持ってかつきっぱりと妻に言うことができるということだ。誰が何に対して責任を負うかが曖昧になっていると、あまり立派でないおこないを誰かがしたときに、その責任が誰にあるのか、誰が誰に謝らないといけないのか、そして、誰が行動を変えることによってその謝罪に応えなくてはいけないのかがはっきりしない。

『ヘンゼルとグレーテル』という童話を皆さんもご存じだろう。このお話の中では、兄妹を森へ捨てに行くと決めた父親の判断も、意地悪な継母のせいだとされている。子育ては侵すことのできない神聖なる協定のもとにあり、ふたりの子どもたちに対するいちばんの責任は父親にあったはずだ。しかし、かわいそうな彼の立場で、どうすることができただろうか？　妻があんなに意地悪だというのに？

さて、ヘンゼルとグレーテルが大人になったとき（ここではふたりを現実の世界に連れ出して考えてみたい）、ふたりの頭の中には、父親に捨てられたという記憶がきっと埋もれていることだろう。しかし、ふたりが無意識のうちに感じている、たったひとりの親への忠誠心が、また、その絆を守りたいというふたりの願いが、父親の責任を追及するという余地をふたりに与えはしないだろう。そしてそこでは、継母が彼らの怒りを吸収する避雷針の役割になったままだ。子どもたちの思いが変わるとすれば、父親が（おそらくは近くの森に住む親切なセラピストの助けを得て）わが子を裏切ったことを悔やむ気持ちと罪悪感について話す機会を持って、過去の自分のひどいおこないに対する深い悲しみを表現できたときだろう。「そうだ、おまえたちの継母は意地の悪い女だった。だがな、あれに立ち向かって、おまえたちを守る責任は100パーセント父さんにあった。父さんはおまえたちふたりを捨てた。そして、おまえたちの命を危険にさらした。もう一度あのときに戻って、おまえたちが受け取るべきだった愛情を与えて守ってやることができるなら、父さんは何だってする。父さんのしたことは言い訳できるようなことではないんだ」と。

『ヘンゼルとグレーテル』は、家族生活によく見られる混乱を反映したメッセージ

（意地悪な継母／悪意のない悩める父親）を伝える童話だ。私たちは、義理の母や、継母、それに義理の娘に対して、その人たちが本来負うべき責任だけでなく、自分たちの夫や父親、息子の受け身の行動やよそよそしいふるまいの責任についても押しつけてしまいがちだ。そんなふうにして、私たちは身近にいる男たちに、きちんと発言し、勇気と明確さと自信を持って人間関係をきりもりする責任を負わせるという課題を避けようとしているのかもしれない。

自分の気持ちと行動を、相手のせいにしてよいのか

こちらの考えや気持ちを、相手が原因だと責めることなく伝えることができたときには、相手が責任を引き受け、謝ってくれる可能性は高くなる。「私」を主語にして話すとよいというのは、つまりはそういうことだ。

自分の行動に対して責任があるのは自分自身だ。他人の反応には責任がないし、自分以外の誰もこちらの行動に対する責任はない。再婚相手が難しい人であっても、夫が子どもを捨てる原因とはならない。彼には別の選択肢があるのだから。マットは、一緒に遊んでいた友達が床に頭を打ちつけるのを〝引き起こした〟わけではない。あの少年

が、怒りや不満をコントロールするもっといい方法を学ぶことができていればよいのだが。

ある人のひどい行動（深刻な裏切りなど）が、ほかの誰かの反応を引き起こしたのはほぼ間違いなくその人の責任だとしてしまう状況を、私たちは誰でも思い浮かべることができるし、人と人とのやりとりは、単純な原因と結果でできているものだという見方を教え込まれてもいる。しかし、人間関係のシステムというのは、そうそう単純な直線に沿って働くものではない。

ちょっと考えてみてほしいのだが、生涯妻だけを愛するという結婚の誓いを破って、浮気を続けている夫がいたとしよう。この夫にはもちろん自分の行動に対して責任がある。一緒に嘘をついている相手（浮気相手）に対してもそうだし、嘘で欺いている相手（妻）に対してもそうだ。そして、この夫の嘘に対して責任があるのは、この夫本人だけだ。心の距離や、すぐに批判しそうな態度だとか、性的に夫を満足させていないとか、慢性的な病気を抱えているとか、あるいは10キロ以上太ったとか、そういうものがあったとしても、彼の妻が夫の浮気を引き起こしたわけではない。もしかしたら、浮気のしやすさに貢献したかもしれないが、だからといって、世の夫たちの多くが、結婚生活の問題やそのほかのストレスを浮気によって解消しているわけではない。

さて、ここで、このとんでもない裏切りを発見した妻の反応を考えてみよう。あまりにも大きな絶望を味わった女性なら、自ら命を絶ってしまうかもしれない。あるいは、「もうあなたのことは信じられない」と言って、結婚を解消し、将来の浮気の可能性の一切を回避しようとするかもしれない。あるいは、離婚後に、愛情深く、責任感のある男性と再婚して幸せに暮らすかもしれない。

では、1人目の女性の自殺は、この不誠実なパートナーがさせたことなのだろうか？2人目の女性が彼のことをもう信じなくなったのは、この夫が引き起こしたことだろうか？　3人目の女性が、再婚して前の結婚のときよりも幸せを感じることに対して、この夫には責任があるのだろうか？　さらにもう1人、4人目の女性が救いがたくも解放感を感じていたとする。「ああ、やっとこの男から離れられる」。彼女は自分にこう言う。「これで離婚しても親から私が責められることを心配しなくてもいいわ」と。この場合、この夫はよいことをしたと褒められるべきだろうか？

あなたが傷つけられた側になり、かつ、あなたを傷つけた、自己防衛に走りやすい相手に、自分がしたことの責任を取らせたいなら、どうすればよいのか。そのためには、あなたのその気持ちを引き起こした責任を相手のせいにするのではなく、あなたの反応を共有できるようがんばってみることだ。「あなたのせいで、私の気持ちは滅茶滅茶になったし、おかしくなってしまいそうだった」と言うよりも、「あなたが何をしたかを知ったとき、気持ちが滅茶滅茶になって、おかしくなっちゃうんじゃないかって思った」と言ったほうが、よりはっきりと、力強く、何があったかが伝わるはずだ。

【その7】謝罪を強要してはいけない

謝罪を強要してはいけない。謝ってほしいと伝えるくらいならかまわないが、強要する格好になってしまっては逆効果だ。夫婦間の問題に詳しい心理学者のエレン・F・ワクテルは、こう指摘している。「謝罪の強要は、害をもたらすことがある。謝れと言われると、相手は卑屈にふるまうよう求められている気がするかもしれない。要求されるままに無理やりに謝らされるのは、どこか屈辱的なものだ。そんなことをすれば、謝る側の当事者を、自分が子どもになったか、自尊心を欠いた人になったような気にさせてしまう」[*11]

人は、どんなふうに考えるべきか、あるいは感じるべき、ふるまうべきかと言われても、うまく反応できるものではない——そして、そこには謝れと言われることも含まれる。わかってもらえる可能性は、相手に「自分が悪かった」と言わせようとしないときのほうが高くなるものだ。それに相手が謝ったとしても、それがあなたに要求されたからであっては、謝罪の言葉に誠意が感じられはしないだろう。そうではなく、あなたが受け取りたいと思うような心からの自発的な謝罪を、あなた自身も心がけることで見本を示していくほうがよい。

そして、誠意を持って差し出された謝罪は、寛大に受けとめるようにしたい。

CHAPTER 07

謝罪を受け入れるということ

CASE 19

私の謝罪を美しく受けとめた人

以前、夫とふたりの息子たちとともに、長い空の旅を終えて空港でレンタカーを借りようとしたときのことだ。どういうわけか受付が休止中で、しばらく時間がかかりそうだったので、順番待ちの列にはスティーヴに残ってもらい、私は子どもたちと列の外で待つことにした。近くに空いている椅子がなかったので、荷物を置いて3人で床に腰をおろした。

私はナッツ入りのチョコレートの小袋をあけ、息子のマットとベンに食べさせていた。隣では5歳くらいのかわいらしい女の子が、母親とならんで同じように床に座っていた。うちの子たちがおやつを食べているのをうらやましそうに見ていたので、私はよく考えもせずに、チョコレートの小袋をその子にも差し出した。女の子はうれしそうに何粒かをつかみとると、すぐに口に入れて食べた。

5分ほどたってから、私はその子の母親に、お菓子を与えてもよいかと聞いていなかったことに気がついた。最初は、まあいいかと思って、そのまま流しておこうと考えた。母親はとくに何も言わなかったし、その出来事自体もすぐに過去のことになってしまったように思えたからだ。けれど、やっぱり謝ったほうがいいのではないかという思いが、何度も何度も頭に浮かんできたので、ばつの悪さを感じながらも、やはりひと言謝っておくことにした。母親がこちらの様子に気づいたところで、私はこんなふうに謝った。「ごめんなさい。あげていいかどうかもお聞きしないで、お嬢さんにお菓子をあげてしまって。よく考えもせずに、申し訳ないことをしたと思いまして」

私としては、相手からはおそらく、「まあ、どうぞご心配なく」とか、「いえ、問題ありませんよ」とか、そういった言葉が返ってくるものと思っていた。ところが、その母親がまっすぐに私の目を見て言ったのは、こんな言葉だった。「謝ってくださってありがとうございます。感謝いたします」

その謝罪の受けとめ方は静かでありながら威厳があり、彼女が言わなかったこともまた、言ったことと同じくらいに重要だった。

彼女は、こういう場だから大目に見て許しましょうとか、謝らないでよいとかいう態度はとらなかった。つまり、私の気持ちを忖度して動こうとはしない成熟した大人だったのだ。

彼女は怒ってもいなければ、落ち着きを失ってもいなかった。その声には角がなく、敵意が混ざっているわけでもなかった。もしかしたら、そういう気持ちはあったかもしれないけれども、この機に乗じて私にものの道理を教えてやろうというような態度は見せなかった。「うちの娘がもしかしたら糖尿病やナッツアレルギーを持っているかもしれないとは思わなかったのですか？」とも聞かなかったし、「あなた、自分のお子さんたちがいま床を触っていた汚い手で袋に手を突っ込んでいたことはお気づきにならなかったの？」とも言わなかった。

単純に「謝ってくださってありがとう。感謝いたします」と言っただけだった。それははっきりとした、非難の色を含まない、曖昧なところのない確認の言葉であり、私が謝るべきことをしたことへの同意を示すものだった。堂々とした態度でそれを言ってもらえたので、私はこのときのやりとりも、親に確認せずによその子どもにお菓子を与えてしまったことも忘れることはない。それから、誰かが私の謝罪をシンプルかつ優美に受けとめてくれたこともずっと忘れることはない。

「謝ってくれてありがとう」と言おう

話せば些細なことでしかないのだが、「謝ってくださってありがとう。感謝いたします」という言葉を口に出すことは、多くの人にはできない。

私の友人の話にいい例がある。その友人が開いたパーティーのゲストにフランクという人がいて、その人は行ってきたばかりのイタリア旅行の話を延々と続けてしまい、ほかの人はほとんど話ができないまま終わってしまったのだそうだ。フランクの立派なところは、その日あとから友人に電話をかけて、前の晩の食事の席で自分が〝会話を貪るブタ〟になってしまって申し訳なかったと謝ってきたことだ。彼は言った。「あとから考えると、ちょっと恥ずかしくなってしまって。メールしようかと思ったんですけど、やっぱり電話にしました」

「あら、そんなことといいのに！」。友人は、間髪おかずにそう言った。「謝る必要なんてないのよ。あなたが旅行のことで興奮していたのはよくわかったし、私たちみんなあなたのお話を楽しく聞かせてもらったんだから」

せっかく相手が勇気を奮い起こして謝っても、この友人と同じ理由ではねつけてしまう人は少なくない。私たちはとかく気まずい瞬間をできるだけ早く終わらせようとするものだ。たとえそれが謝っている当人に、それは何でもない、たいしたことではない、と考えるべきことでさえないと言っているのと同じことになるとしても、そうしたいものだ。もちろん本当はその人は考えるべきだし、実際に考えたわけだし、そうでなければ謝ろうとなどしないというのに。

もしも相手が正しいことをするために、つらいところをがんばって謝ってくれたのなら、こちらもつらいところをがんばって「謝ってくれてありがとう」ということはできるだろう。心からの謝罪によって修復しようとする努力を、なかったことにしたくなるような誘惑に抵抗するのは大切なことだ。

自分の子どもに謝り方を教えるには

子どもに謝り方を教えるいちばんの方法はどういうものだろうか？　この質問をセラピストのグループへの投稿で尋ねてみたとき、みんな口をそろえてこう答えてくれた。それは、子どもに学んでほしい行動を、大人が手本になって見せることだ。相手が自分の子どもであっても、心から謝るべきときにそうしていないとしたら、自分の息子や娘が親に謝らなくてはならない理由がどこにあるだろうか？

子どもに学びとってほしいふるまいを、手本を見せて示すのは間違いなくよい考えだ。子どもは親を見ている。なかには親の威厳を損ない、自分たちが弱く、不たしかな存在に見えてしまうという理由で、自分の子どもには謝りたくないという親もいる。しかし、じつはそうではない。公正さへの配慮と、現実と向き合う能力をたずさえて、社会へ自信を持ってつながっていく手本を示す行為にほかならない。子どもたちに対して、自分の親は、人間としての価値を減じることなく、自分の非を認めることができるのだと示すことになる。実際、謝ることのできる能力は、私たちが子どもに与えられる大きな贈り物だ。子どもというのは強い正義感を持っているもので、自分が正しいと知っていることを親の自己防衛心のために否定されると彼らは苦しむ。

仕事で私は家族の問題を扱うことがあるが、子どもに謝り方を教えようとするときに大人がしたがうべき指針のひとつに加えた項目がある。それは、「謝ってくれてありがとう」と言ってそこでやめる、というものだ。アドバイスとしては簡単に聞こえるが、実際にやってみるとこれがなかなか難しい。私たちはつい反射的に子どもの謝罪の言葉を、さらにお説教するための踏切板として使おうとしてしまうものなのだ。

子どもたちが謝ってきたあとで、親から言われるのはたぶんこんなことだ。「謝ったのはえらかったね。でもあなたが仲間はずれにしたとき、弟がどんな気持ちになったかをもっと考えてほしいの。あなたは本当に悪かったと思ってるの？　それとも言葉だけ？　それから、今度のときにはママに言われる前に謝れるようにね」

ある11歳の少年がこんなふうに説明してくれたことがある。「謝るのが嫌なのはあとで嫌な気持ちになるからなんだ」。この少年の家庭では、彼が「ごめんなさい」と言うと、必ずそのあとに、相手の気持ちになることの大切さについてのお説教や、以前に彼がした思慮の足りなかった行動——あるいは、それ以外でも彼が耳をふさいですぐにでも逃げ出したくなるようなこと——を思い出すようなことを言われるのだそうだ。

子どもが謝ったときに、心をくじくようなやり方で否定してしまう大人がいる。これから紹介するのは私の友人から聞いた話だが、4年生になる彼女の子どものクラスであった出来事だ。ある生徒が行儀の悪いことをすると、担任の教師はいつも決まって〝ある目つき〟でその生徒を見るのだそうだ。そして、その生徒が謝ると、担任はいつも決まってこう言うのだという。「本当に悪いと思っていたら、はじめからあんなことしていませんよね」

よく耳にする言い方だが、規則破りの常習犯に対して言うなら一理あるかもしれない。だが、担任教師の厳しい、非難するような目線は、その生徒が謝り、自分が悪いことをしたと認めることをうながしておいて、直後にそれらを否定するものだ。謝罪と受容のあるべき姿と何もかもが矛盾しているこの担任の反応を目にするたびに混乱してしまうのは、この友人の娘だけではない。

自分の子どもに謝ることを教えたいなら、前述の空港の女性を思い出してほしい。彼女を手本にして、彼女が私の謝罪を受け入れたようにあなたもお子さんの謝罪を受け入れてみるといい。もちろん、それ以上の話し合いが必要な場合もあるだろうが、それはその場でしなくてもいいことだ。せっかくの謝罪を打ち消してしまい、謝ってきた本人に、何を謝ればよかったの?と思わせてしまうことにもなりかねないのだから。

他人の謝罪を細かく分析してはいけない

自分の謝り方を分析し、質を保とうとする努力ができるなら立派なことだ。しかし、他人の謝り方にも同じレベルを期待するのは生産的ではないことが多い。そんなことをしても、もめごとを長引かせ、距離が縮まることなく相手が悪いと思ったままで関係がとまってしまうだけだろう。

CASE 20

親の労力に感謝のない息子にかけるひと言

私の友人のロバートは、彼の息子のアーロンが経営している小さな会社の引っ越しを手伝いに、クリーヴランドからニューヨークへ飛行機で行ってきた。

帰ってきたとき彼はぐったりと疲れ切ったうえに怒っていた。問題の一部は自分にあると彼は認識していた。昔から能力以上に仕事を引き受けてしまうタイプのロバートは、必要以上に他人のために働いてしまうことが多く、あとになって奉仕した相手に対して腹を立ててしまうことがよくあったのだ。

とは言ってもやはり、アーロンが親の労力をあたりまえのように受け取っている姿を、ロバートは苦々しく感じ、腹が立つのだった。彼が言うには、アーロンはロバートが引っ越しの手伝いに費やした時間と労力に見合うようなやり方では、ただの一度も感謝を伝えていないということだった。

帰宅から1週間たっても、ロバートは息子からの感謝が足りないことばかり考えてしまうので、そのことを電話で本人に伝えることに決めた。アーロンは驚いた様子で、こんなふうに言ったという。

「本当に？　ありがとうって言っていないって？　もちろん父さんのしてくれたことには感謝してるよ。申し訳なかったね」

アーロンの謝罪は受け入れられなかった。「私をなだめすかそうとしてるだけのように思えてね」。ロバートは言った。「おざなりの言葉で、誠意が感じられなかったんだよ」。だから、「謝ってくれてありがとう」と言って、そこまでやめるどころか、ロバートはアーロンの〝特権意識〟への批判を始めてしまった。自分は息子に利用されたと感じたと言い、怒ったまま最後にはこんなことを言って電話を切った。

「こんど引っ越しするときには、引っ越し業者に頼むことだな」

相手の誠意を信じよう

誰かが謝ってきたときに、その人の誠意の度合いを数値で評価することはできないし、そんなことをしようとしたところで生産的ではない。謝る人が不安や居心地の悪さを感じていれば、謝罪が機械的に聞こえることもある。それに、不満をぶつけられたときに、心の底から申し訳なかったと思うまでには時間がかかるものだ。

私が空港でよそのお子さんにお菓子をあげてしまったことを謝ったとき、じつはとりたてて申し訳なかったと思っていたわけではなかった。だから、「あら、どうっていうことありませんよ」のような答えを期待した。あの母親が独特のやり方で私の謝罪を受け入れてくれてはじめて、私は心から申し訳なかったと思い、その人の気持ちを思いやることができたのだ。それに、誰かのことを特権意識があるとかうぬぼれが強いとかラベリングしたり、この人はこうだからという診断や中傷を会話に混ぜ込んだりしながら、本当に申し訳ないと思える人はいない。

アーロンの謝罪がどの程度誠実だったかがわかるのは、次の機会が来たときに、ロバートへの感謝を示すように彼がうまくやれるかどうかだけだ。誠実さがためされる機会はその後のフォローアップにある。そして、もちろん、ロバートのほうも自分が気持ちよくできる以上のことを自分から引き受けておきながら、あとになって、息子に利用されたと怒るようなやり方をどうにかする必要がある。

私はロバートに、謝罪を受け入れることが、必ずしも全てが解決したとか許されたとかを意味しないし、それ以上の話し合いの余地がなくなるわけでもないことを思い出すよう伝えた。ロバートはもう一度アーロンに電話をかけ、この前の電話をしたときに機嫌が悪かったこと、そして言いすぎたことを謝った。ロバートの謝罪は受け入れられた。

謝罪を示す方法は言葉だけではない

忘れることのできない患者さんのひとりに、マーヴィンという農家の男性がいた。彼は抑うつといらいらが収まらないため、医師の指示でセラピーを受けに来ていた。マーヴィンには長年連れ添っている奥さんがいたが、結婚生活に行き詰まっていた。家庭での様子を尋ねてみると、妻のバーニスがマーヴィンのことを外出させたがると言うのだ。

CASE 21

妻への反省を、義母の介護を通して示した夫

マーヴィンが私に話したのは、自分はだめな夫だということだった。それをお天気の話でもするようなトーンで話すのだが、バーニスのために自分が何かしてやれたことがあまりないのだという。

妻のバーニスは、62歳のとき乳がんの手術を受けたのだが、その手術の日程がちょうど畑の収穫時期と重なったのだそうだ。術後、麻酔が切れ、彼女がいまからどんな――よい、悪い、ひどい――ニュースを聞かなければならないかわからないというときに、彼はそこにいなかったのだ。畑での骨の折れる力仕事ならこなせるけれど、感情面でタフな状況に立ち会うのは得意ではなかったのだ。バーニスのほうは、彼が近くにいてくれることはずっと昔に期待しなくなっていて、彼女のほうも彼とは距離を保つようにしていた。

何がきっかけで人が変わるのかは、ときとして謎だが、マーヴィンの場合は、私のセラピーに通っているあいだに、彼の中で何かが動いたことはたしかだった。バーニスはいい女だと彼は話しはじめた。彼女をしょっちゅうがっかりさせてきたことは自分でもわかっていて、それを埋め合わせる努力もたくさんしてきたのだという。だが、過去の自分のおこないに対して彼が謝罪したりそうした話題を持ち出したりしても仕方がない。「してしまったことはしてしまったことで、言葉ではそれを変えることはできません」と、マーヴィンは言っていた。「私は謝ればいいとは思っていませんし、バーニスだって同じです」

しかし、本人は口に出すことはなかったものの、謝罪を行動で示すことの正しさは信じていた。バーニスの母親が大病を患い、自宅から数マイル離れた介護つき住宅に引っ越すことになったとき、マーヴィンは介助の必要な場面で素晴らしい働きをした。

結婚をゲームとすれば後半戦ともいえるこの時期に、模範的な夫であり義理の息子となった彼の姿を私は驚きを持って見ていた。これからは軌道修正をして、いままでしなかったことの埋め合わせをするのだと、彼は話してくれた。

それから義母が亡くなるまでの3年のあいだ、マーヴィンは不満ひとつもらさず、根気強く介護を続けた。義母は気難しい人で、ありがとうを言うことはなく、娘のバーニスとも折り合いが悪かったにもかかわらず、それを続けたのだ。介護を続けるあいだ、マーヴィンは彼女を病院まで運び、妻の負担が大きくなりすぎたときには進んで手を貸した。

義母は信心深い人で、マーヴィンとバーニスはそうでもなかったけれども、義母が出られるあいだは日曜日ごとに教会へ連れていった。彼女が亡くなると、マーヴィンはあちこちに電話をかけ、妻にたのまれたとおりに葬儀の手配をした。マーヴィンとバーニスの絆は強くなり、私から見ても以前より一緒にいて幸せになれたようだ。

ものをはっきりと言うことができ、「さあ、話そう」と言えるタイプの人でも、過去の自分のあまり感心できないおこないについては、あえて触れたくはないだろう。それによってものごとが悪いほうに進んだり、話が長くなったりするのは怖いものだからだ。

ある患者さんの話だが、高校1年生の娘を1年間、友達の家庭に預けて、自分は新しくできたボーイフレンドと国の反対側で暮らしていたのだそうだ。そして、ずっとあとになってそのことを後悔したのだが、自分からはその話を切り出す気にはなれなかったというのだ。彼女自身もセラピストだけれど、自分にはそれができなかったのだという。その代わりに、その娘が双子を出産したとき、彼女は娘の近くに引っ越し、おばあちゃんとしてできるだけのお世話をしたのだそうだ。私に話してくれたところによると、それが彼女なりの埋め合わせの方法であり、正義の天秤のバランスをとるやり方だったのだそうだ。

もちろん、言葉は大切だし、私自身、それを主張する本を書いている。「ごめんなさい」と、心から悔やむ気持ちを表す言葉なしでは、つねに何かが欠けている感覚が残るかもしれない。それでも、愛と悔悟の念を伝える方法はほかにもあるし、謝罪のかたちもさまざまあるのだ。

何があっても言葉では謝らない人であっても、言葉以外の何かで、喧嘩のあとの緊張を和らげ、もう一度つながりを持とうとするかもしれないし、その人が申し訳ないと思っていて修復を望んでいることを、行動を通して示そうとする場合があるかもしれない。だから、基本姿勢としては謝罪を広い心で受けとめることを心がけたいものだ。

謝罪を受け入れることと和解することは違う

謝罪を受け入れることは、必ずしも和解を意味するものではない。世界一の謝罪をしたとしてもそれだけで全てのつながりを元に戻せることはない。「ごめんなさい」の言葉がたとえ誠実に差し出されたとしても、それすら不適切で十分でないこともある。場合によるが、人間関係の基盤をなす信頼そのものが修復できないこともある。自分を傷つけた相手の顔など二度と見たくないと思うことだってあるかもしれない。

それでも謝罪を受け入れることはできる。

CASE 22

自分を陥れた同僚からの謝罪メール

ジョアンは元親友のマーシャとのことでちょっと相談したいことがある、と言って、私に電話をかけてきた。ジョアンが勤める会社でマーシャも働きはじめたとき、ふたりはすでに7年前からの親友だった。だがその会社で、マーシャはジョアンの発言を彼女に不利なように使い、彼女が希望していた昇進の機会を潰したことで、ジョアンの信頼を裏切ることになった。結局ジョアンが会社を辞め、ふたりの友情はそこで途絶えてしまった。

ふたりが話すこともなくなってから4年がたったころ、ジョアンのもとにマーシャから長いメールが届いた。そこには彼女が自分のしたことをどれほど後悔し、自責の念にかられているかということが綿々と綴られていた。マーシャは反省していた。ジョアンに会うことができなくなったことがとても寂しくて、友達としてもう一度やり直したいということだった。それで、一緒にランチをとりながら話したいからということで、ジョアンの都合のいい日を返信のメールで教えてほしいというのだ。メールの結びには、こう書いていた。「あなたが私を許してくれることを願います」

「私は何て答えればいいの？」というのが、ジョアンが私に電話してきた相談の内容だった。

ジョアンは、マーシャは心からの気持ちで謝ってくれたのだと思うが、また一緒にランチをするなど、考えただけでも身体中の細胞が抵抗する気がして、とても会うことなんてできない、と言うのだ。ジョアンは返事をしないでおこうかと思ったが、それは自分の価値観にそぐわない気がしたという。

いろいろな選択肢を考えたのち、結局、ジョアンはこんなメールを送った。

マーシャへ

謝罪のメール、ありがとう。私たちのあいだで起こったこと、それからあなたのしたことによって私がどれほどの影響を被ったかについて、それほどまでにあなたがよく考えてくれたことはとてもうれしく思います。ただ、私にとっては、いまさらどうしようもないことにしか思えず、これ以上お話をしたり、友情を続けようと努力したりする気にはとてもなれません。あなたが元気でいることを祈っています。それから、私のほうも、一緒に過ごした長い日々の素晴らしい思い出はたくさん持っています。

お元気で。

ジョアン

文面を読んで、これは模範的なレターだと私はジョアンに伝えた。短くて（短いに越したことはない）、偽りがなく、要点をついている。ジョアンは「許す」という言葉を使わなかったが、それは許していないからだ。しかし、マーシャの過去の悪事をいまさらのように書きつらねたり、彼女の行動がジョアンをどれほど傷つけたかといったことに触れたりするのは避けた。「気持ちが変わるまでにはもう少し時間が必要です」などといった言葉で、伝えるべき内容をぼやかしたりはしなかったのだ。もしもそんなふうに答えていたら、ジョアンが望んでいない友情の再開があるかもしれないと取られていたかもしれない。

実際のところ、ジョアンは、「あなたの謝罪は受け入れられません」と伝えたい気持ちにかられたが、そうはせず、マーシャに対して「ありがとう」と伝えることにしたのだ。それは、ジョアンが自分の価値観に矛盾しない回答をしたいと思い、しかし、マーシャがどれほどひどいことをしたかに、単に反応するだけではなかった点で、ジョアンが成熟した大人であることを示す対応の仕方だった。「謝ってくれてありがとう」と伝えることは、壊れた人間関係を元どおりに戻せることを意味するわけではないし、ジョアンが今後も連絡を取ることを望んでいると伝えるものでもないのだ。

「あなたの謝罪は受け入れられません」と言う勇気

人には十分な理由があって、謝られても困るということはたまにある。謝っている相手が、そもそもこちらの話を聞いていないとか、話をしても理解できないとか、あるいは謝っている言葉の中に、本当の問題はこちらの過剰反応や読み違えにあるという含みがある場合がそうだろう。

あるいは、食事中の携帯チェックであれ、約束が実行されないことであれ、行動に変化が見られないために、表面的に熱い謝罪や悔恨の言葉をならべられても空虚にしか聞こえないときもそうだろう。もしもその人が二度と同じことを繰り返さない努力を真摯な態度で続けないのであれば、何度謝られても、そんなものは聞きたくないと言いたくなるものだ。

嘘っぽい謝罪の言葉をならべる、あるいは責任をこちらに転嫁してきたりするような相手に、自分の言っていることをよく考えてもらうよう持っていくには勇気がいる。このことをよく表す例として、以前こんなことがあったのを思い出した。

CASE 23

聞き捨てならないママ友の発言に注意する

息子の学校の校庭で、何人かの保護者と話をしていたときだが、話題が小学校のクラスに多様性が欠けているという内容に及んだとき、ある母親が、自分の子どものクラスに黒人の生徒がふたりいると言った。それはいいのだが、続けてこんなことを言ったのだ。「……でも、そのお子さんたち、清潔そうだし、お行儀もいいんですよ」。それを聞いた保護者のひとり、私の友人でもある男性が、静かにこう言った。「黒人でも清潔でお行儀がいいと？　よく理解できないのですが、どういう意味なのでしょう」。その母親は、自分の言葉に内在する差別意識を突きつけられたなら、誰でもそうなりそうな感じで、とても身構えた。

　次の日、この母親は、また校庭で私の友人に会うと、こんなふうに言ってきた。「謝りたいんです。私の発言が人種差別をしているように聞こえてしまったようで。もちろんそんなつもりはなかったんですけどね」と。友人は静かにこう言った。「もしもあなたが、問題はあなたの発言ではなく、私の反応にあったとおっしゃりたいのであれば、謝っていただいても受け入れられません」

それでも彼女のほうが食い下がって、あなたは私の言っていないことまで深読みしすぎていると言い、さらに、政治的に正しい表現を使うために、卵の殻の上を歩くような気遣いばかりするのにはもう疲れたとまで言い出した。そこまで聞いたところで、友人は刑事コロンボふうに頭をかきながら、「どうやらこの件については、見解の相違があるようですな」と言って、それ以上は追求しなかった。

友人のこの対処に私は感心した。とくに、彼女のためになるからと議論に付き合ったり、要点を押し付けるように教えたりしなかったことが立派だと思った。そのようなことをしなかった代わりに、彼は、この母親自身が自分の言ったことの意味を考えなおす余地を与えたのだ。いつか、彼女はこの話の論点に自ら気づくことができるだろう。

姿勢は寛大すぎるくらいに

全体的なルールとして、たとえ心の内では素直に受けとめたくない気持ちがあったとしても、和解の意思を相手が示してきたときには、それを受けとめるのを基本姿勢としておくのがよい。もちろん、例外はあるけれども、一般に、謝罪について主導権争いを始めても、誰かの謝罪が、私がこの本に書いたような効果的な謝罪の基準を全部満たすことを期待しても何の役にも立たない。それよりも、多少寛大すぎるくらいにでも、受け入れていく姿勢でいたほうが、その人との関係が開けていく可能性が生まれる。

謝罪の受容と和解の提案は、必ずしも嫌な出来事についての話をやめにすることや、相手の言ったことやしたこと、あるいは言わなかったことやしなかったことを許すことと同義である必要はない。それは「わかった、過去は過去だから、そのことはもういいね」と流してしまうのではなく、むしろ怒りや憤りとは違う何かが待っている未来はまだあるのだと言っていると考えたほうがよい。

和解の提案を受け入れることの意味とは、単純に、あなたが喧嘩をやめることに同意し、たかぶった気持ちを鎮め、善意を持って前に進む余白を残しておくということだ。そうすることができれば、あなたがまだ抱えているかもしれない怒りの、まさにその対象について、さらに話を進めるための道ならしをすることにもつながってくる。もちろん、場合によっては、受け入れるに値しないこともあるが、概して謝罪を伝えられたときには、広い心でそれを受け入れ、その人との関係をそこから進めることができるかどうか、様子を見るのがいちばんいいだろう。

CHAPTER
08

こじれたふたり
――先に謝るべきなのはそっちでしょう？

あまりに腹が立って謝れないという状況は、付き合いの長い人との大切な関係の中でこそ起こるものだ。そのような状況が起きたとき、相手が自分のしたことを反省し、謝らないことにはどうにもならないことは、当事者もわかっているはずだ。しかし、先に悪いことをしたのはどちらか、何がいけないのか、何を修正しなくてはならないのか、そしてどちらが先に謝るべきなのかといったことに関して、双方の意見が一致することはあまりない。

上手な謝り方のハウツーを学ぶことは誰にでもできる。だが、それを伝える動機づけがなければ、知っていたところで役には立たない。人はストレスがかかると両極端に走りやすく、対立が起きるのもめずらしくない。相手が自分にしてきたこと、またはしなかったことばかりに意識を集中させてしまい、自分が行動を変えたり、緊張状態を緩和させたりするという、クリエイティブな発想にはなかなかたどり着かない。変化が必要だと思ってはいても、先に自分が変わろうとは思わないものだ。しかし、それでは人間関係を維持することはできない[*12]。

これから紹介するエピソードは、夫婦のあいだで起きる典型的な事例だ。相手を否定し、責めるばかりで、そこから動けなくなってしまい、どちらも謝りたくないと思っている。当然ながら、謝罪に意味を与えるであろう行動の変化に考えが及ぶことなどありえない。そこには、家族や親友といった、あらゆる重要な人間関係にも当てはまる教訓が含まれている。人間関係がトラブルにはまり込むとき、そこから抜け出るときにはあるパターンがあり、それらは予想することも可能だ。

CASE 24

自分の主張を曲げない夫婦の末路

アイナとサムはふたりで相談に来た、結婚15年になる40代の夫婦だ。

アイナは、何日か前にシカゴの空港で起こった出来事について話がしたいと思っていた。サムはそのとき、アイナが停めていた車まで荷物を運んできたのだが、彼女のショルダーバッグを手荷物受取所に忘れてきたのだそうだ。そのショルダーバッグには、財布、iPhone、大切な仕事の書類、つまりは彼女にとっての〝私の生活全部〟が入っていたのだという。彼女は、サムが貴重品を放置していたことに対してだけでなく、彼が自分の不注意によって起こしたことの深刻さを理解していないことに対しても腹を立てていた。「ふつうだったらもうちょっと違う反応をするんじゃないかと思うんです。なのに、ただ〝取りにいってくる〟と言っただけで、その言い方もほんとに大事なことだと思ってないみたいにそっけなくて」

彼女の話はまだ続いている。そのバッグを持って戻ってきたとき、サムは仕方なさげに謝り、もうそのことについては何も聞きたくないと宣言した。そして話はそこで終わりになってしまったということだった。

「これだけのことじゃないんですよね」。彼女の言い分はこうだ。「サムは何をするにしても最後まできちんとしないし、注意が足りないからあてにできないんです。何を言っても、〝そのことはいまは話したくない〟という返事がくるだけで。ようするに、何の話もしたくないわけです。ただそっとしておいてもらって、自分のしていることに集中したいだけなんですよね」

サムが言うには、アイナは腰が悪いので、今回の旅行中、荷物は彼ひとりでずっと運んでいたという。実際のところ、彼女のためにしていることはたくさんあるが、彼女のほうはサムの欠点ばかりを見ている。「あらゆることをぼくに期待しているわけです。それで、うまくやれないことがあるとそのことばかり言われる」

それに、いつも大げさすぎるのだと、彼は言う。あのときはショルダーバッグを忘れてきただけの話が、いつの間にか、サムはあてにできない無責任な人間だという話になってしまっていた。サムは皮肉っぽくアイナにこう言った。「小学校3年生のときの担任だったミセス・スタークは、〈注意力とよき市民としての行動〉にB^{+}の評価をくれたけど、きみはいつもD^{-}しかくれない。ぼくは自分が本来やるべきことよりずっとたくさんのことをしてるんだけどね」

そして、私のほうを向いてこう言った。「アイナは大きな問題がぼくにあったところが認めるまで、いつまでも言いつづけるんですよ。それに、手荷物受取所のベルトコンベアのすぐ脇に置かれている荷物を盗まれる確率がどれほどのものだって言うんでしょう？　それって、生死にかかわるような緊急事態なんでしょうか？　全てのことに危機感を持って行動しなくてはいけないんでしょうか?」

責め立てる彼女、殻にこもる彼

この種のもめごとは、とても仲のよい夫婦のあいだでも、とくにストレスがたまっているときには起こりうることだ。家族という人間関係の機能の仕方は皆それぞれだ。もしもあなたが、私とスティーヴのひどい喧嘩を覗き見てしまったなら、たぶんいますぐこの本を閉じてしまうのではないだろうか。どんな幸せなカップルでも、ひどい喧嘩をすることはあって、ただいつまでも怒りを引きずらずに仲直りをしているだけなのだ。

対照的に、アイナとサムは、そういうひどい日がたまにあるのでもなければ、穏やかでない時期が続いているわけでもない。彼らの場合、むしろ、実りのない喧嘩と批判が、ふたりが積み上げてきた関係の基盤をなす愛と友情をむしばみ続けていたのだ。多くの夫婦と同じように、アイナとサムは、相手の言うことをよく聞き、もしも関係が傷ついたらそれを修復することを誓い、たがいを愛し、寛大なパートナーとなるつもりで結婚生活をスタートさせた。しかし、いまふたりはそれぞれに疲れ切ったパートナーになってしまったように感じていて、どちらも自分が正しいという主張を曲げられずにいる。

ここにいるのはとても知的なふたりの人間で、この人たちならどんな要素を含めればよい謝罪ができるかなど、何の問題もなく学ぶことができるというのに、どちらも相手に謝ることだけはしたくないと思っているのだ。

アイナとサムの場合、あの空港でのやりとりでは下向きのスパイラルに入り込んでしまったが、それを減速させる方法はいくつも想像できるのではないか。アイナのほうは、批判するにしてももっとトーンダウンしてもよかった。万一そのバッグをなくすことを思うと、どれほど恐ろしかったかということを、怒りと非難の調子を伴わずに伝えることもできたはずだ。サムのほうは、感情たっぷりに自分のミスについて謝ることもできた。「ああ、なんてことだ。こんなことをしてしまうなんて信じられない！　いますぐ取りに戻るよ。ほんとに申し訳ない！」。バッグを持って戻ってきたときにも、また言われるぞと批判されるのを待つのでなく、すぐに申し訳なかった気持ちを強調する言葉を言うこともできただろう。「アイナ、取りに戻って、きみのバッグがそこにあるのを見て、どれほどほっとしたかわからない。あんなところに置き忘れてくるなんて！」と。

サムの反応の薄さが、アイナの過剰な反応に関係しているのは明らかで、また逆のことも言える。もし、これが、夫婦ではなく、友達や同僚との旅行だったとしたら、同じことが起こったとしても相手に対してもっと寛大な対応ができたはずだと私は自信を持って言える。私たちはみんな、人に見せられる〝よい自分〟を持っているが、ときに怒りやストレスや疲れのせいで、それをするのが妨げられてしまうものなのだ。

あの空港でのアイナとサムのやりとりは、ふたりの結婚生活を大写しにしたスナップ写真の1枚にすぎない。それぞれの心の中でたかぶる感情を、サムは距離を置くことで抑え、アイナはしつこく批判的に追求することでやりすごしている。追究することも距離を置くことも、ストレスにさらされた人間がより快適な状態になろうとしたときにとる行動のパターンだ。そのふたつはどちらが正しくて、どちらが間違っているともいえないが、追求する人と距離を置く人がペアを組んだら、ふたりは両極端な位置に固定されて動けなくなってしまう。

ふたりの人間関係がいちばんうまくいくのは、両者がともに柔軟に動くことができてかつ、それぞれのやり方を修正できるときだ。だが、アイナとサムについては、私がセラピーではじめて出会ったときにはもう、そのパターンがすっかり固まってしまっていた。距離を置こうとするサムのやり方は、彼をクールで、より理性的で、ふたりのうちでは気難しくなさそうに見せるが、じつはそうではない。距離を置くというやり方は、たんにたかぶった感情をコントロールするためのひとつのやり方にすぎないのだ。それは、すぐに喧嘩腰になるアイナのやり方とくらべても、いいとも悪いとも言えないものなのだ。

喧嘩のはじまりはどこにあるのか

さて、サムとアイナの結婚生活を、長期にわたって誰かが観察していたとしよう。そのうちのひとりがたとえばこう言うとする。「かわいそうな男だ！　あんな支配的で、批判ばかりの女と結婚して。もちろん彼はよそよそしい。でもあの妻から離れたいと思わない男がいると思うかい？　それ以外に彼に何ができる？　彼女はうるさく言うのをやめない。彼女のほうが先に謝るべきだ！」

「いや違う」。2人目の観察者はこう言う。「きみは何もわかっちゃいない。この夫は結婚して以来ずっと妻のことをほったらかしにしてきたんだ。夫のほうは言われて当然の不満も言わせようとしない。彼は彼女をシャットアウトして、彼女の気持ちを気にもとめない。あれでは妻がやけを起こしても仕方ないよ。彼が先に謝るべきだ！」

私たちは、無意識のうちに責めるべき相手を探してしまう。誰が〝始めた〟のかだ。だが、人間関係というのはそれではうまくいかない。先ほどのふたりの観察者はどちらも間違っている。人間関係というのは、ひとりの行動が、相手の行動を引き出し、強化しながら、円を描いて進むもので、一直線に前に進んでいくものではない。現実に問わなければならないのは、誰が最初にやったかや誰が責められるべきかではなく、むしろ双方がそのダンスの中で、自分のステップの踏み方をどう変えることができるかの問題なのだ。

自分の責任範囲について謝るというのは、自分の責任範囲がわかっているときには有効だ。だが自分の行動をよく観察して変えていく努力をする気がまるでなく、相手にとって必要なのだとか、されて当然のことだなどと、正当化して考えているかぎりは、「私に責任があるところについては謝ります」と言ったところでそれは本物の謝罪にはならない。アイナにとってもサムにとっても、それぞれにここは自分が悪かったと責任を認め、善意を持って謝るには勇気がいることだろう。だが、謝ればそれでいいというものでもない。少なくともふたりのどちらかが、ストレスがかかるといつもしてしまう行動を変える必要もある。

単純に「ごめんなさい」と謝るだけで、痛みや苦痛が和らげられることはよくあるが、このふたりのように長年のあいだに染みついた行動パターンがあるときには、別のアプローチが必要になる。たがいの関係の中で自分のパターンを変えようとする努力は、双方が取り組むのが理想だが、実際にはどちらかだけ（たいていは負った傷の大きいほう）が変化を求めてがんばっていることのほうが多い。さいわいなことに、ひとりの小さな変化が大きな変化につながることはある。なぜなら、ステップが変わればダンスは同じではなくなるからだ。アイナとサムのようなケースでは、このあと紹介するようなアプローチが役立つのではないだろうか。うまく取り入れることができれば、意味ある行動の変化によって、謝罪を裏づけることにもなるだろう。

責めてくる人への正しい対応

まず1歩だけ歩み寄る

サムは、もともとは、アイナのバイタリティーやオープンさ、それにはっきりとした感情表現をするところに惹かれたのだが、どうやら結婚相手としては間違っていたようだと、もうずいぶん前にあきらめてしまっていた。もしも本当に、良好な関係に戻りたいと思っているなら、勇気を出してアイナに近づき、自分にできる方法を考えて、クリエイティブに、ふたりの距離を縮める努力をすることが必要だろう。

まずは心のこもった言葉で謝罪を伝えることから始めるといいかもしれない。「アイナ、いままできみの話をろくすっぽ聞いてこなかったし、それにきみにとって大事なことについて話すのを拒否したことがしょっちゅうあったね。本当に悪かった。それは間違っていたから、これからは変えようと思うよ。ぼくはきみのパートナーだから、そばにいて、どんなことでもきみと話したいと思ってるんだ」

謝罪の言葉を伝えるとともに、サムはより強力なつながりに向けて進むことができる。アイナのことを気にかけ、全力で彼女に向き合う努力をすることが可能になるのだ。そうすれば職場や親類とのあいだで困ったことが起きても彼女に相談することができるだろうし、それで彼女の意見がもらえればありがたいと思えるだろう。ひとりになりたいときは、理由を追究されないやり方でなればいい。たとえば、先に予定を入れておき、夕食後にオフィスに戻るのもひとつのやり方だし、あるいは食事の途中で、食べ終わったらすぐに仕事に戻らないといけないんだと伝えて出るという方法もある。それに、仕事のお客さんや友達と会うことになったと、電話かメールでひと言連絡を入れておけば、いつも彼女の手の届くところにいると思ってもらうことができる。ちょっとした行動ひとつで、彼女は愛され、価値を認められ、選ばれていると感じることができる。結婚前に付き合っていたころに自然としていたことをするだけでよいのだ。

では、サムはこうしたことをしたい気持ちになるだろうか？　もちろん、ならないだろう。しかし、この関係が彼にとって大切なものならば、どっちにしろ彼はやれる。サムは自分がつくり出している距離が、かえって彼女の追求を招いているのだということをつねに意識しておくといいかもしれない。話しかけても無駄と思わせている彼の態度こそが、アイナが彼に近づけないと感じてしまう事実と大いに関係しているということだ。

たしかにアイナは矢継ぎ早にしゃべりすぎる傾向があり、とくに不安なときにそうなる。そして、彼のよそよそしさと、人を寄せつけない態度が、彼女の不安をさらにあおり、次々と言葉を繰り出し、心配と不満を表現するやり方をいっそう激しくさせているのもまた本当のことだ。

我慢できる限界を伝える

もうひとつ、サムに必要なのは、どのくらいまでの激しさならば受けとめられるのかをアイナに伝えるための言葉を見つけることだ。自分が耐えられることの限界をはっきりさせておくことができなければ、これ以上のつながりを求めて前に進むことはできない。

仲良くやれていて、彼女が落ち着いているときに近づいて、たとえばこんなふうに温かい言葉をかけてみるのはどうだろう。「アイナ、ぼくはきみの話をもっとよく聞きたいと思ってるんだ。たぶん、両親がよく喧嘩をしているのを聞きながら育ったからだと思うけど、言い争いや激しい言い方は苦手なんだ。きみが批判をならべたり、激しい言い方で心配事を話し出したりすると、すぐにいっぱいいっぱいになって、引いてしまうんだ。ぼくとしては何でも聞ける状態でいたいと思ってる――きみの批判も含めてね。でも、それはきみの助けがないとできないことなんだ」

それから、アイナのポジティブな性格に重点を置いて話すのもいいだろう。それは、彼の頭をおかしくしてしまいそうなものと切り離せないくらいに絡み合っているものだ。たとえばこんなふうに言ってみる。「アイナ、ぼくはわかってるんだけど、きみの言うことにネガティブな反応をしてしまうのは、きみを愛していることの裏返しでもあるんだ――きみのエネルギーやバイタリティー、それから、オープンにものごとに対処するきみのやり方。ぼくの家族にはそれができる人はひとりもいないんだ」

あるいは、もっとうまく彼女の話を聞けるようになるために、具体的に彼女のどこを変えてほしいかを伝えてみてもいいだろう。落ち着いて、責めないで接してほしいこと、また批判するにしても、一度にひとつだけにしてほしいことを伝えればいい。批判でも心配ごとでも言いたいことがあるなら、時間をとって聞く機会はちゃんとつくる。でも、玄関を入っていきなりとか、食事中とか、疲れているときには聞けないと言えばいいのだ。また、話せば自分の負担ばかりになりそうな話なら、こう言って断ればいい。「アイナ、きみの話を聞きたいとは思っているけど、でも、まるでぼくがひどく気の利かないやつみたいな言い方をするなら聞くことはできない。気持ちを落ち着けて、相手のことを尊重して話せるときに戻ってきてくれないか」

おたがいの忍耐の限界も含めて、ふたりの関係の基本線を決めておく勇気と明快さが、自分を犠牲にすることなく相手との関係を維持していくうえでの核となる。究極的にはそれが親切で敬意ある行動となる。追究する人の多くは、パートナーには黙っていられるより、自分のどこを変えてほしいのかをはっきりと口に出してもらえるほうがいいと思っているものだ。抱えている不満を建設的に伝えることができれば、あなたがその人とのよりよい関係を望んでいて、そのために戦うことをいとわないことを相手も理解できる。

つまりは、サムがアイナを黙らせておこうとしても、悪いほうにしか転がらないということだ。アイナはサムがいつも近くにいて、彼女のことを本当に理解し、気持ちを気にかけてほしいと思っている。「そのことは話したくない」というフレーズは——それが、一時的に距離を置くためだけでなく、逃げの手段として使われるときには——親しい関係を終わらせてしまうものになる。サムに必要なのは、会話を終わらせてしまうことではなく、代わりにこう言うことだ。「ぼくは、いつもここにいて、大事なことは何でも話すつもりでいるよ。でも、そのためにはきみの助けが必要なんだ。その方法はここにある」と。

ふたりの「違い」を尊重する

一方で、アイナのほうは批判のトーンを抑えて、ネガティブな内容を伝えたいときにも言葉に幅を持たせて、ポジティブなコメントとして伝えることだ。結婚生活においてはよくあることだが、アイナはもうずいぶん前に自分がサムのどこを好きだったか、どこを評価していたかに注意を払うのをやめてしまい、好きでないところばかりを指摘するようになっていた。彼女の批判の多くは正しいが、しかし、誰も――9歳でも90歳でも――感謝や敬意の空気が伴っていなければ、その批判を評価する人はいない。心理学者のエレン・F・ワクテルは、そのことをシンプルにこう言っている。「私たちは自分のことをいいように感じさせてくれる相手を好きになる[*13]」。だから、また批判されるのだろうとサムが思っているときに、褒めることで驚かせてあげればよいのだ。

サムに対する追求モードから抜け出すために、アイナに求められるのは、批判をトーンダウンする以上のことだ。そこには、大声でまくしたてたり、話を遮ったり、大げさに言ったり、求められてもいないのにアドバイスをしたり、相手の間違いを訂正したりするのを減らすことで、全体的にテンションを下げることも含まれる。*14

ここで注意したいのは、私はそれらが神経症の兆候だとか、アイナにはパーソナリティ障害の傾向があると言いたいのではないことだ。パートナーがサムとは違う別の誰かだったなら、こうした彼女の性質をそのまま喜んで受けとめ、こんなにはっきりとものが言え、冷静で、かつエネルギッシュなパートナーに恵まれて、なんとラッキーなことかと思うかもしれない。しかし、サムはもともと激しいやりとりが苦手で、時間とともにその傾向が強くなっていた。距離を置きたがる人にはめずらしくないことだが、サムは「話したくない」と言うけれども、本当は彼が恐ろしさを感じる会話から抜けられなくなることを恐れているのだ。

いったん追いかける人と離れる人の力学が固定されてしまうと、たとえポジティブな気持ちの表現であっても、激しさのせいでさらに距離ができてしまうこともある。ひとりになりたがるサムの傾向を、あまり個人的なこととしてとらえないことも、アイナにとっての課題だ。彼女も、もともとは彼のクールで自己完結的なスタイルに惹かれたわけだが、最初に好きになったところが、あとになって嫌になるのはめずらしいことではない。サムはひとりが好きな人間で、パーティーに出るごとに報告し合ったり、お腹を壊したときにどんな症状が出たとかをこと細かに話したりするのを好まないタイプだ。彼の場合、考えたり感じたりすることをシェアするよう迫られれば迫られるほど、心を閉ざしてしまう。私のもとを訪れる男性にはめずらしくないのだが、夫婦問題のカウンセリングを受けにきたときも、サムはアイナに言われてやってきた。彼は基本的に自分のことは自分でするものと思っていて、ストレスを感じたときにはひとりになって自分を落ち着かせることが多い。そうした生来の違いが、人との距離のとり方に問題があると解釈してしまっては、事態はいっそう悪くなる。

違いを受け入れることは、人間としての最大の課題のひとつであり、そこにはまた人それぞれのストレス管理の仕方の違いも含まれる。本書の冒頭にも登場した友人、ジェニファー・バーマンの漫画にいい例がある。猫と犬が一緒にベッドに入っていて、犬は気難しい顔をして、『愛しすぎる犬たち』という本を読んでいる。そして、となりにいる猫は、こんなふうに言っている。「私は距離をつくろうとしてるわけじゃないわ！

猫なのよ」と。私がこの漫画を好きなのは、夫婦間で、相手との違いを尊重できない、あるいは少なくとも認めることができないときに、どんなふうにトラブルが起きるかを象徴しているからだ。

サムとアイナのあいだのトラブルも、「違いの尊重」のなさが引き起こしている。プライバシーの確保は、サムにとっては姿を隠す方法であるだけでなく、自分が好きな世界とかかわる方法でもある。だから、彼のやり方を変えようとするよりも、そのやり方を受け入れ、歓迎することさえできたなら、アイナはもっとうまくやっていけるはずだ。サムはストレスがかかると、自然と離れていこうとする傾向があるが、アイナの場合は余計に近づこうとしてしまうのと同じことなのだ。

アイナはまた、自分の人生の質と方向性をたしかにすることにもっと集中することで、サムのことばかりを気にして追い回すというサイクルを断ち切ることもできるだろう。謝るならこんなふうに言えばいい。「サム、うるさいこと言ってばかりで本当にごめんなさい。私、自分の人生の中で見過ごしてきたいろいろなことにもっと注意を向けないといけないって気づいたの。たとえば兄とどれほど疎遠になっているかとか、それから、パラリーガルの仕事を辞めて、この先どうするのかとか。自分のことで気分がよくないときに、しょっちゅうあなたを批判していたと思う。そのことも冷静に考えるわ」

こんなふうに、不安や非難をぶつけるようなやり方で、相手に意識を集中させすぎていたことを謝り、自分のことに向けるべき注意が足りていなかったことを説明するのは多くの場合有効だ。他人に向けていた注意をもっと自分に向けることは、追いかける人と離れていく人の力関係を緩やかにし、相手がどんな反応をしようと、それに左右されず、しっかりと自分の足場を固めていくうえで役に立つ。

変化とは長期的なプロジェクト

サムとアイナの場合、ストレスのもとでふたりの関係を進めていこうとするときのやり方が、たがいに大きく違っているわけだが、本質的にそれぞれが乗り越えねばならない課題は同じものだ。

＊謝るべきときに自分から謝ること。
＊相手に自分は特別で、価値があり、選ばれたのだと感じさせること。

＊ストレスへの反応の仕方の違いを含めて、たがいの違いを尊重すること。
＊ふたりの関係のダンスの中で、相手が先に変わるのを待たずに自分のステップを変えることに集中すること。
＊結婚や友情の根本を揺るがすネガティブなコメントはしないようにして、ポジティブな言葉で言い換えること。

これらは、どんな人間関係にも当てはまる有効なガイドラインだ。取り組むべき課題は、夫婦間や家族のあいだで起きたときにいちばん大きくなってしまうことが多い。それは、それらの関係が、あらゆる原因からのストレスを吸収する避雷針のような働きをするものだからだ。

最初は見せかけの謝罪でもよい

男性たちのあいだでよく言われるジョークに、「夫婦喧嘩の最後のひと言は夫が言うべきだ」というのがある。そして、その最後のひと言とはこうだ。「きみの言うとおりだよ、ハニー。悪いのはぼくだ。ごめん、もう二度としないよ」

このジョークの意味するところは明らかだ。女というのは扱いが難しいものだから、丸く収めるためにはかわいそうな夫が謝っておくのがいちばんだ。だが、これは女性に対して失礼だ。なぜなら、女に理屈を言っても通じないのだからまともに取り合っても無駄だと言っているのと同じなのだから。それに、じつは男性をも侮辱している。なぜなら、ここでいう夫は自分の声を見つけることができないか、あるいはそもそもはじめからそんなものを持っていないかのように想定されているからだ。このジョークの背景にあるのは、妻に謝ることの目的は、必要のない長い会話を避けることだというものだ。

それに対して現実には、潔く謝るという選択がある。不和の原因のほとんどは自分の側にないと思うときであってもだ。私たちは、少なくとも片方が落ち着いていなければ、本当の会話が始まらないことを知っているはずだ。だから、おたがいに相手の話に耳を傾けることができるように、あるいは少なくとも同じ部屋にいられるような、落ち着いた雰囲気をつくり出すために、和解の意思を示すことができるはずなのだ。たとえばこんなふうに切り出したっていいわけだ。「このことだけど、私が悪かったところは謝ります。「ごめんなさい」と。どちらにどこまで責任があるかがはっきりしないうちでも、善意と、そのことを考えていくという気持ちを込めてこう言うことはできるわけだ。ここでの目標は、長期的に親しい関係をつくっていくための道幅を広げることであり、表面的な仲直りや時期尚早な和平を結ぶことではない。

演技は時に人間関係を救う

サムとアイナのように、感情によって混乱してしまったときには、相手を受け入れる気持ちになって、先に自分から謝るなんて無理だと感じるものかもしれない。私がふたりに対して提案した、「ポジティブに」というアドバイスはどれも、リアルに感じられず、鼻白むかもしれない。だが、そこにパラドックスがある——ときに私たちは、いわゆる本当の自分を抑え込み、演技をすることによってはじめて、何がリアルで、何が可能かということを学ぶことができるのだ。先ほどのジョークの見せかけの謝罪とは対照的に、クリエイティブな〝演技〟は、勇気あるチャレンジだ。それは恐れや、何としても衝突を避けたいという願いによってではない。

演技と言ってしまうと、女性にとってはネガティブに聞こえることもあり、実際そう聞こえるには十分な理由もある。私を含め女性の多くは、あって当然の怒りを抑え、自分を犠牲にしても男性を喜ばせ、守ること、また、まるでこちらの人生が男性に依存しているかのような人間関係がよしとされてきたのだ。

誰も嘘つきにはなりたくないし、表面上の付き合いで時間を無駄にしたくはない。家族や友人との親しい関係を維持するには、真実を掘り下げ、さらに本質を見極めていくことが必要であり、まるごとの自分をその関係の中に持ち込むことが求められる。それでも、もしも、人生を惰性で生きていくだけだとしたら、そこには誠実さも何もない。自然とやってくるものはまた自然と手から離れ、どこにもたどり着かないか、あるいは悪い方向へしか行かない。実際、どんな人間関係においても私たちが習慣的にしている行動の仕方を変えるには、最初は形から入る気持ちが要求される。つまり、最初は本当の自分ですらないような気にさえなるかもしれない、いつもとは違ったふるまいが必要になってくることはままあるのだ。

古いスペインのことわざに、「習慣とは最初は絹の糸だが、やがて太い綱となる」というものがある。変わるということは、積極的に変わろうとする者にとっても、簡単ではない。しかし、現状に甘んじて生きることができなくなったときには、驚くべき変化を遂げる能力が、人にはそなわっているものだ。人から離れていくタイプの人でも、無理をしてでも人とのつながりを求め、相手を理解するために質問を投げかけ、相手の話を聞くことは可能だ。あなたがしゃべりすぎる人ならば、話はつねに簡潔に、もっと隙間を残すように心がけて話せばいい。何でも訂正したくなる人は、他人事への口出しや間違いの訂正、それに〝私がいちばんよく知っている〟という態度を抑えるようにすればよい。頑固なパートナーも、風に吹かれた草のように折れ曲がることを学ぶことはできるし、逆にどんなことでも受け入れすぎるパートナーも、本当に重要なことについては樫の木のようにまっすぐ立って動かないことを覚えるのは可能だ。

まだまだ例はあげられるが、何が言いたいかはもうおわかりいただけたと思う。あなたはあなた自身であると同時に、〝新しいあなたをためす〟ことが必要だということだ。冒険心がなければ、あなた自身の人間像について、またあなたの人間関係の中で何がおたがいにできることかについて、狭い視野にとらわれたままになってしまうだろう。最良の謝罪というのは、自分自身でいることの大切さを理解し、しかしそれと同じくらいに、自ら選んでなりたい自分になることの重要さを理解する人々によって、伝えられるものなのだ。

解決にスピードは必要ない

謝ること自体は30秒でできるが、しかし、行き詰まった人間関係の中で、自分の在り方を変えるのは長距離走と同じで、持久力と内外からかかるはかりしれない力に抵抗しながら前に進む体力が要求される。同時に、そのプロセスには制約もついてくる。カッとなって話し、行動を起こしたいときに、じっと耐えることも必要になるし、いつ誰に何をどんなふうに伝えればよいかという知恵と直感のようなものも求められる。

凝り固まった自分のパターンを変えるには、忍耐も必要とされる。それは、アイナが一晩では激しさを抑えてトーンダウンできないことや、サムも彼女が追求モードに入ったときに、すぐに落ち着いてその場にとどまっていられるようにはならないのと同じことだろう。謝罪に意味を与える本質的な変化を起こすには時間がかかるかもしれない。大切なのは、スピードではなく、変化していく方向性のほうなのだ。

CHAPTER 09

勇気ある謝罪

――母を許せない娘と娘に謝りたい母の事例から

ある種の謝罪はとても勇気のいるもので、それを目の当たりにしてしまうと、謝罪という言葉さえ、薄っぺらく感じられることがある。これからお話しするエピソード[*15]は、さまざまある謝罪の範囲の中でも、かなり勇気のいるものの一例だ。

CASE 25-1

自分を守ってくれなかった母への拒絶――1

レッティが私のセラピーに来るようになってしばらくたったころ、24歳になる彼女の娘のキムも、一度一緒に連れてきてはどうかと提案したのは私のほうだった。そのころキムはレッティをずっと避けており、何かがおかしいことはたしかだった。けれど、レッティが尋ねても、「その話はしたくない」と言って、はねつけられるだけだったのだそうだ。

発端はキムが12歳のときだった。父親が、眠っているキムの寝室に忍び込み、性的な行為に及んだのだ。その晩、レッティは、自分の母親が介護付き施設へ引っ越すのを手伝うために家を空けていて、事件が起こったことを知ったのは、それから何カ月もあとになってからのことだった。事実が明らかになったとき、レッティは、家族全員がカウンセリングを受けるという適切な対応をした。さいわいにも、一家は頼りになる素晴らしいセラピストと出会い、支援を受けることができた。

レッティは、もちろんそれがはじめから起こらなかったのと同じとは考えていなかったが、問題はもう解決したものと思っていた。それなのに、いまキムがレッティを避けているのは、キムの父親が心臓発作で亡くなったという知らせが引き金になり、キムの怒りが呼び起こされたのではないかと私は考えた。

最初、キムはふたりでセラピーを受けるという母親の誘いを断ったが、2、3日して、一度だけならと承諾してくれた。お父さんが亡くなってから調子はどうかと私が尋ねると、キムはいきなりレッティを激しく攻撃しはじめた。私は、たかぶった感情がぶつかり合う現場でも落ち着いて立ち会えるように訓練を積んでいるが、それでも、死んだ父親ではなく、母親のレッティに向けられたむき出しの怒りを目の当たりにして、自分の中に不安が高まっていくのが感じられた。娘の態度としてめずらしいことではないにせよ、まるで父親のしたことに対する責任が母親にあったかのように、またそれが母親の娘に対する裏切りであったかのように、レッティが責められているように聞こえたのだ。

思わず割って入ろうとしたちょうどそのとき、レッティが立ち上がり、キムのほうへ椅子を寄せて近づいた。私は彼女が、たとえばこんなふうに言い返すのではないかと思いながら見ていた。「なんてこと言うの！　あなたの父親がしたことの責任が、どうして私にあるというの。私にわかるはずがないじゃない」

しかし、実際にはそのようなことは言わず、彼女は娘のほうに身体を向けたかと思うと、しっかりと腰を落ち着けてこう言ったのだ。「ごめんなさい。知らなかったこと、本当にごめんなさい。あなたを守れなくてごめんなさい。家族のあいだでこんなひどいことが起こってしまったこと、ごめんなさい。あなたが安心して本当のことを言えなかったこと、ごめんなさい」。そこまで言うと、レッティは泣き出してしまった。キムは母親の身体に腕を回し、一緒に泣き出した。

レッティがどうして、自分を守ることを考えず、娘のためだけに、ここまで胸の内を表現することができたのかはわからない。レッティは、謝りはしたけれども、父親の虐待は自分のせいだったとか、自分が悪い母親だったとか、謝る理由としてそういったことはひと言も言わなかった。そうではなく、いま激しい攻撃をまともに受けて、彼女は純粋に相手の言っていることを聞き、愛を差し出す立場に自分の居場所を定めたのだった。

レッティの涙が果たした役割は、娘の怒りを鎮めることでも、自分の痛みを会話の中心に持ってくることでもなかった。また、レッティは、自分のことを慰めてもらったり、守ってもらったりするほうへキムを引き寄せたわけでもなかった。自分がこのつらい過去の出来事の一部であるということだけに対する心からの謝罪は、ふたりにとって深い癒やしをもたらすものになったのだ。

レッティの謝罪に癒やしの力があったのは、とりわけ〝付け足し〟が何もなかったからだ。彼女は「ごめんなさい、でも覚えておいてほしいのは、それが起こったこと、私は知らなかったのよ」とは言わなかった。「ごめんなさい、でもあなたのお父さんは弱い人で自制できなかったのよ」とも言わなかったし、「ごめんなさい。でも、もう昔のことだし、過去のことはおいといて、前に進んでもいいと思うの」とも言わなかった。もちろん、レッティはキムが許してくれることを望んでいた。だが、本物の謝罪というのは、相手には何も求めないものだ――許しさえも。

あえて触れないという優しさ

レッティがこのような混じりけのない謝罪の言葉をキムに伝えた立派さは勲章ものだ。翌週、私のもとを訪れたとき、レッティはその謝罪によって、あの痛みと過去に終止符を打つことを望んでいるとはっきりとわかった。私たちは誰も、どんな感情の絡んだ問題も、一度話せば解決できると思いたいものだ。けれど、そう簡単にいくものではない。

その後のセッションを通してわかったことだが、一家は全員で受けた家族セラピーで、性的虐待については一切触れず、キムが13歳のときにセラピーを打ち切ったという。それから何年ものあいだ、事件について触れることがなかったのは、娘を守るという愛情ゆえのことだったとレッティは考えていた。しかし、無理に立ち入ることや、事態を悪化させることを避けようとする気持ちが、故意にではなくとも結果的に娘に起こった最悪の出来事を、誰にも言えない状態で本人に押し付けて放置することになってしまったのだ。それから何度目かのセッションで、レッティは、キムの父親の葬儀から1週間が過ぎた土曜日のことを話してくれた。

CASE 25-2

自分を守ってくれなかった母への拒絶―2

レッティは、キムを誘ってふたりで映画を観に出かけた。映画が始まってから気づいたのだが、レッティが選んだその映画には、ティーンエイジャーの女の子がレイプされるシーンが含まれていた。しかし、映画のあとで食事をしながらふたりで感想を述べ合っているときには、ふたりとも性暴力についてはひと言も口に出さなかったのだという。

「映画の中のそのシーンを見たとき、キムに起こった出来事を思い出しましたか?」

と、私は尋ねた。

「もちろん頭をよぎりました」。レッティは答えた。「キムもそうだと思います。思い出さないはずがないでしょう。映画館から出たとき、ムッとしていました。きっと私が選んでしまった映画のせいだったんでしょう」

「そのことについて、何か言おうとは思いませんでしたか？」と私は尋ねた。ふたりともそのことを思い出していたのだ。

「いえ、思いませんでした。私の計画は、その晩、楽しく過ごすことでしたし、それにそもそもその映画を選んでしまった私が悪いのですから。そこにあのことを持ち出して、さらに事態を悪化させたくはなかったんです。もしも、キムのほうに話す必要があるなら、あの子のほうが切り出してくるんじゃないかと思っていました」と、レッティは答えた。


メディアにおける性的虐待の顕在性を踏まえて考えてみると、キムに起こった出来事をふたりに思い出させる機会はそれまでに何度となくあったはずだ。しかし、この映画を観たことが、父親が亡くなってから、キムが母親から距離を置きはじめるきっかけになったことは明らかだった。

映画館を出たあとで、レッティが違うふうにふるまっていたら、どうだっただろうか？　もしも、あのとき、レッティがキムのほうを向き、今回の謝罪で見せたのとおなじオープンさで、たとえばこんなふうに言っていたらどうなっていただろう？

「キム、こんな映画を選んでしまって本当にごめんなさい。ふたりで楽しもうと思っただけだったんだけど。今夜の空気を重たいものにはしたくないから、いま何か言おうと思っているわけではないんだけど。ただね、あのレイプのシーンになったとき、お父さんがあなたにしたことしか思い浮かばなくて、観ているのがつらかったわ。私があなたを愛していることはわかっていてほしいし、それにあのとき起こったことの痛みを抱えているのはあなたひとりではないことも知っておいて」

さて、キムはどんなふうに反応していただろうか？　もちろん、不安が蒸気のように立ちのぼってくるのは当然のことだろう。キムはきっとそっけない返事をしたはずだ。たとえばこんなふうに。「そのことは話したくない」あるいは、「忘れて。心配しないでいいから」とか。彼女が13歳のときから一度も話されることのなかった重い問題を話し合うには、土曜の夜遅い時間が最適なわけでもない。状況が最適であったとしても、この会話を続けることは簡単ではなかったのだろうから。

けれど、キムの長期的な反応を考えてみた場合はどうだろうか？　私が想像するのは、彼女の母親の言葉が時間を経て落ち着いていったように、キムもこうして娘の心に手をのばそうとした母親に対して、感謝に似た何かを感じたかもしれないと思うのだ。

コミュニケーションを続ける努力

セラピーでの力強い謝罪のあと、キムとの会話はどこへ向かっていきそうだろうかとレッティに尋ねてみたところ、返ってきた答えは予想の範囲内のものだった。「キムのほうから何か言ってくるかどうか、様子を見たいと思います」。レッティはそう言い、「彼女のリードにまかせてついていこうと思ってるんです」と続けた。

よかれと思ってすることではあるのだが、私たちはほとんどと言っていいほど多くの場合、つらい、あるいはトラウマになるような過去の出来事についての会話の再開を、傷ついているほうの相手まかせにしてしまいがちだ。しかし、それは傷ついた当事者だけの仕事にしておくべきではない。それが、その人だけの仕事になってしまうのは、その人にまかせたままで放置されてしまうことがあまりにも多いからにほかならない。

さらに話を続けているうちに、前回セラピーを一緒に受けて確認できたとおり、自分から言葉をかけることの大切さに、レッティが気づきはじめていることもわかってきた。何も言わないことはすなわち、距離を置くことをひとつのかたちで表現していることになるのだろう。だが少なくとも、話せば得られたはずの機会が得られなくなってしまうことはたしかだ。

CASE 25-3

自分を守ってくれなかった母への拒絶——3

セッションが終わったあとで、レッティは気持ちを落ち着けて、深呼吸をし、勇気を出してキムに電話をした。キムに、セラピーに参加してくれたことに対してありがとうと言い、そして、こんなふうに付け加えた。「あのことがあってから何年もずっと考えていたの。性的虐待のこと、それが成長するあなたにどんな影響を与えたのか、それからどんな不安や怒りをいまも抱えているのかということについて、どうして何も聞かなかったのだろうって。そのことが、パパが亡くなったあとであの映画を観ているあいだ中、頭から離れなかった。でも、そのあとの食事のときに、私から言い出すことはできなかった」

「そんなことはどうでもいいわ」。キムは抑揚のない口調で言った。「そんなこと話したくなかったもの」

「私にはどうでもよくないのよ。私は、あなたとのあいだでは大事なことを話せる関係でいたいと思ってるから」とレッティ。

キムが言った。「何が言いたいのかよくわからないわ」

レッティは「また別のときに話せたらいいわね」と答えた。

相手がそっとしておいてほしいと思っているのがわかっているのに、過去のことをしつこく追及したりほじくり返したりしたい人はいない。しかし、話題にしている時点でその過去はすでにほじくり返されたものなのだ。

私はレッティがリードして話を続けるよう勧めた。直感でタイミングをみはからって。課題となるのは、時間がかかってもいつか本題を話し合えるときが来るまで、コミュニケーションを取りつづけたいという意思をオープンに保つことだった。その際、性的虐待のことばかりに話題を集中させすぎることなく、またあまり急いで多くのことをしようとしないようにも気をつけて。

どんな会話も無駄にならない

綱渡りのようではあったが、レッティはなんとかバランスを保とうとベストを尽くした。キムに無理に話をさせることはせず、しかし、自分ももとのような沈黙に戻ることはしなかった。チャンスが来たと思ったところで、まずキムにいくつかの事実（感情的なことは脇において）について尋ねることから始めた。たとえば、「あなたの親友のリンダは、その性的虐待のことを知っているの？」とか、「リンダはどんな反応をした？」とか、「信頼してそのことを話せる人はいるの？」とかいう質問だ。

レッティはまた、その痛みに満ちた歴史に対して、自分がしたことにも立ち返った。いまでは心からの後悔とともに振り返ることのできる過去の出来事だ。

CASE 25-4

自分を守ってくれなかった母への拒絶—4

「キム、あなたのお父さんが亡くなってからずっと考えてたんだけど、家族セラピーをやめてから一度も性的虐待についての質問をしたことがなかったことについて考えてるの。頭の中にそれがあったときも、あなたには言わなかった。あの話を持ち出すことをしなかったのは、あなたのほうから持ち出すことがないのなら、私がすべきではないと考えていたからなの。でもそれは間違いだった。私はそのことをあなたひとりに背負わせてしまってたのね。ごめんなさい」

　レッティは、自分が当時とった行動に対してどう考えているかを告げた。

「何回も謝る必要はないわ」。キムは言った。「もう何度も聞いたもの」

「わかった、もう謝らないわ。わかってほしいのはあなたが話していいと思ったときには、私はいつでもここにいて、話を聞く準備ができているということなの」

　ひとつの出来事はそれだけで終わるものではなく、この会話から数カ月後、穏やかでない会話が何度か続き、そのたびにレッティは打ちのめされ誤解されている気がした。なかでもいちばんつらかったのは、キムが彼女の結婚について不満をぶつけてきたときだ。

「じゃあ、あなたはパパが私に何をしたか知ったあともパパと一緒にいたのね」。ある日のお昼どきにキムが怒った様子で言った。「それで、私が17歳のときにパパとは離婚したけれども、それはパパの浮気が原因だったと？　じゃあ、パパの浮気のほうが、あなたの娘にいたずらするよりもあなたにとっては大きな問題だったわけでしょ？　それがひどい話でなかったら何なの？」

レッティは、まるで言葉が口から叩き落とされてしまうようで、話すことができないと感じた。

キムは口早に続けた。「まるであなたはあの虐待のことは二度と考えないことにしたみたいだった」。「まるであなたとパパであのことを忘れたことにしてしまったみたいだった。私には忘れることなんてできなかったのに。あれは私に起こったことだもの」

このやりとりは、レッティが話のきっかけを用意しなければ、起こることはなかった。それに、さらに責められるのがわかっていて、それを避けたいと思わない人がどのくらいいるだろうか――こういう状況では、十分に突っ込んだ会話をできずに終わってしまうことが少なくないのは、それをすれば自分が打ちのめされてしまう可能性があるからだ。次にどんなことが起こってもなんとかできるという自信と、羞恥心の中で自分が崩れてしまわないだけの自尊心がなければ、こうした会話を深めていくことは難しい。

レッティは自分が苦しいときもなんとか粘り、娘に対して正直に話した。夫の浮気に対する怒りと、そして離婚の手続きを始める前に夫婦関係のセラピーを受けるのを拒んだことが、あのときの性的虐待に関係していたことを説明した。そして、浮気の一件が、離婚を加速させたのだ、とレッティは言った。なぜなら、そのことが、夫がキムにしたことに対する怒りを再燃させたからだ、と。そして、レッティ自身は、夫の虐待のことを1日たりとも忘れたことはないことも伝えた。彼女は、自分とキムの父親とは二度と身体の関係を持つことはなかったと告白し、そして結婚を終わりにするという考えはつねに頭の中にあったと説明した。

レッティは、自分の選択に言い訳はしたくないが、ただ、自分が選んだことであっても、それを完全に説明したり正当化したりすることは、たとえ自分に対してであってもできないことなのだとも話した。彼女からキムに100パーセントの確信を持って伝えることができたのは、二度と、1秒たりとも、浮気のようなものとキムが受けた性的虐待とをくらべたりはしないということだった。

「あんな出来事をあなたがひとりで抱えているのにほったらかしにして、どれほどひどいことをしたと思っているか、それを言い表す言葉もないのよ」とレッティは言った。「できることなら時間を戻して、もう一度やり直したいと思ってる。どうにかして償いのできる方法はあるかしら?」

「償いなんてできないわ」。キムが言った。そして、口調を和らげてこう続けた。「でも、少なくとも母親は戻ってきてくれたわ」

CHAPTER 10

〝許す〟ということ

あるとき私はクラウディア・ランキンの詩集『市民（Citizen）』について同僚と話をしていた。ランキンは、白人優勢のホワイト・アメリカで黒人が受ける人種差別をとらえた作品を書く、アフリカ系アメリカ人の詩人だ。その詩集の中に、白人のセラピストとの出会いを題材にした次のような一篇がある。*16

その新しいセラピストは、トラウマ・カウンセリングの専門家だ。あなたは電話で話したことがある。彼女の家には横側に門があり、患者のための裏口に通じている。ディアグラスとローズマリーの茂みに挟まれた小道を通り、その門までやってくると、門扉には鍵がかかっている。

正面玄関には小さな丸い呼び鈴がついていて、あなたはそれを力強く押し鳴らす。ついに扉が開かれると、そこに立った女は声のかぎりにこう叫ぶ。私の家から出ておいき！うちの庭でいったい何をしようというの？

まるで人の言葉を操るドーベルマンかジャーマンシェパードさながらに。それであなたは2、3歩下がるが、予約があるとなんとか伝える。予約ですって？　彼女は言い放つ。そして止まる。全てが止まる。ああ、と彼女は言う。おお、そうね。そうでした。ごめんなさい。

本当にごめんなさい。本当に、本当にごめんなさい。

なんという力強い詩だろう。「本当にごめんなさい。本当に、本当にごめんなさい」という言葉は、本人は心から言っているつもりだったとしても、不条理すぎて足りはしない。このセラピストにはもう軌道修正をする手立てはないのだ。もしかしたらこれから築けたかもしれない人間関係の基盤となる信頼が、すでに修正できないほどまでに崩れてしまったのだから。

「この詩の中の人物が、このセラピストを許すのは難しいと思う」というのが同僚の意見だった。話題はいまも存在する人種差別から、許しへと移っていった。

「どうして彼女は許さなくちゃならないの？」。私は尋ねた。

「許すことは必要だ」というのが彼の意見だ。「なぜって、許しがなければ、心の平安も癒やしもありえないんだから」と。ひと呼吸おいて、説明はさらにこう続いた。「ぼくの仕事の中でいちばんの課題のひとつは、患者さんが〝許す〟ことを覚える手助けをすることだと思うんだ。忘れることではなくて、許すことをね。たとえ自分にひどいことをした相手と、もう二度と会わないと決めていたとしてもね」

同僚は、許すという行為は、最高の美徳であり、至高の愛のかたちであり、心身の健康のために必要なものだとして話を続けた。途中、差し挟んだ何かの引用は、その日の朝、私もフェイスブックで目にしたこんな言葉だった——「許すことは囚人を自由にすることであり、そしてその囚人があなた自身であったことを知ることである」。許すことだけが、傷ついた側の人を怒りと憎しみから解放する唯一の方法なのだと、彼は言った。

善意が込められているとしても、この言葉の裏に潜む人を傷つける考え方に、私は同意できない。それは、許しだけが、苦痛と憎しみに悩まされることのない人生への道であり、謝らない相手を許せない者は、心身ともに問題を抱えやすい、精神的に未熟な人間だという考え方だ。この考えはいわゆる紋切り型のメッセージだ。このことについて、素晴らしい反論を提示する心理学者のジャニス・エイブラムズ・スプリングの言葉に照らして考えてみたい。スプリングによれば、許しとは安価な贈り物ではない。まだその時期が来ていないのに、表面的な和平に飛びつけば、それだけのコストがかかると彼女は指摘する。[*17]

しかし、前述の同僚が引き合いに出した考え方は、許しの専門家や宗教的指導者、それにポップカルチャーでも広く支持されているもので、そのことは私も知っている。それでも、そこで使われている〝許し〟がどのようなものを意味しているのかはあまり明確ではない。私が調べたかぎりでも、これといったひとつの定義があるわけではなさそうなのだ。そしてさらに重要なのは、許しを必要としない癒やしへの道はたくさんあるということだ。そこで私たちも、この〝許し〟という言葉の私たちなりの定義づけ、あるいは少なくとも意味を解明するところまではやってみたいと思う。[*18]

「許したい」という言葉の本意

セラピーを受けにくる患者さんの多くは、男性も女性も、修復できない傷からの救済を求めてやってくる。彼らの多くは、まだ「私が悪かった。ごめんなさい」と単純に謝ってもらっても、あるいはレッティとキムのように、長期にわたるプロセスを経ても、許しに到達していない。

たとえば、「私は父を許したい」という言葉は、シンプルだが、じつは全ての人にとって同じ意味を持つわけではない。だから、私は私の助けを求める人々がこの言葉を使う場合に、その人がどのような意味で使っているのかを理解するために、いくつも質問をする。

しばらく会話を続けながら、相手の言うことをじっくりと聞いていると、その人たちは〝許し〟という言葉を使っていても、実際のところ、許しについて話しているわけではないことがわかってくる。彼らが話しているのは、自分の抱える怒りや苦しみ、敵意、痛みから逃れたいという願望であることが多いのだ。彼らが求めているのは、自分自身を、大切な信頼関係を壊した相手や、陰口を言った親友の不幸を願うような、悪意ある、執念深い人間ではなく、〝いい人〟だと感じることだ。つまり「私は許したい」は、「このことはもう通りすぎて、いくらかでも心の平安を見つけたい」と読み替えることができる。

実際のところ、絶対に悔い改めない人に対しても、この言葉が持つもっとも深い、精神的な意味を求める人はいる。そうした人たちにとっての許しとは、宗教的信条の大事な部分、あるいは世界観の中心をなすものかもしれない。そうした彼らの求めるものを表すには、決意、離脱、前へ進む、手放すといった言葉のほうが、よりしっくりくるのではないだろうか。

許すと手放す——禅の逸話より

禅の世界に古くから伝わる物語に、手放すことを説くものがある。いくつものバージョンで語り継がれているものだが、そのひとつをここでご紹介したい。

ふたりの禅僧が、旅の途中に川べりを通りかかったとき、丈の長い着物を着た女がひとり、不躾な態度で川の向こう岸へ渡してほしいと言ってきた。若いほうの僧は横に立ち、川を渡るのを誘導することにした。しかし、年長の僧が女を肩にかつぎ、水の中を歩いて渡っていってしまった。向こう岸へ着くと、女はひと言の礼も言わずにさっさとどこかへ行ってしまった。そんなことはしてもらって当然とでもいうような、尊大な態度だった。

そのまま旅を続けていくうち、若い僧は、頭が先ほどの出来事でいっぱいになって、次第に落ち着かなくなってきた。そして数時間後、目的地に近づいたころ、とうとう黙っていられなくなり、「なんであの女を運んだりしたんです?」と、叱責するような口調で問いかけた。「われわれの教えでは、女に触ることは禁じられているではありませんか。それに、あの女は、甘やかされた礼儀知らずです。礼のひと言もなかったではないですか」

すると年長の僧はこう言った。「川を渡り切ったところで、私はあの女を下ろした。おまえはなぜ、まだあの女を背負っているのか?」

この僧の言葉がうまく表しているように、手放すということは、許すことや忘れることでもなく、あるいは他人の悪い行動を白く塗り替えることでもない。仏教の考え方では、許しの本質は手放すことにあるという。[*19] しかし、手放すことを目的に、何か特定の行動を許すことが必要なわけではない。おそらくだが、この年長の僧は、〝許し〟を念頭に置いていたわけではないだろう。ただその女性の失礼な態度を、自分に向けられた個人的なものとは受け取らず、引っかかりを感じたり、何度も反芻したりせず、彼女の不運を願ったりもしなかっただけだ。

手放すことには、行き詰まった状態からくる破壊的な力から自分を守るという意味がある。慢性的な怒りや苦痛は、私たちのエネルギーを消耗させ、創造性を吸い取っていく。それさえなければ間違いなくよい1日だったはずの日を台無しにしてしまうことは言うまでもない。もしも、非生産的な怒りが私たちを過去に引きとめ、身動きを取らせなくしてしまうときには、私たちは十分に現在を生きることができないし、楽観的な展望と喜びの可能性を胸に、未来へと踏み出すこともできない。一口に怒りといっても、自己の尊厳と品位を損なわずにすむ健全な怒りと、いつまでも頭の中をめぐり、午前3時に目を覚ましては、復讐をシミュレートして苦しみを抑えようという怒りは同じではない。後者は私たちを不幸にする以外には、何の役にも立たない。

言うまでもなく、現実に私たちを苦しめる状況は、あのふたりの禅僧の物語ほどシンプルではない。見知らぬ他人の失礼な態度にいつまでもこだわらずにいるよりも、信頼し、頼りにしていた人からそれとなく傷つけられたことにとらわれるのをやめて、前に進むことのほうが難しい。しかし、受けた傷や裏切りの大きさがどうであっても、自分の心の平安を見つけるためだけに、謝る気もない相手のしたことをこちらが許す必要はどこにもない。時の経過とともにやがて必要になるのは、抱えてしまった感情を散らすことのほうなのだ。私たちを傷つけた相手は、手に届かないところにいることもあるし、あるいはそもそも悔い改めることなどない相手なのかもしれない——あるいはもうこの世にいないことも——という現実を受け入れることが必要であり、それができてはじめて、その相手の間違ったおこないを、自分が背負いつづけるかどうかの選択ができるということだ。

手放すとは、たしかに簡単なことではないが、あなたを傷つけた相手が許すに値する対応を何もしていないときには、必ずしも許しが手放すためのプロセスの一部である必要はない。癒やしに至る唯一の道などというものは存在しないのだ。

〝許す〟と〝手放す〟の混同

先日、私の好きな著者のひとり、アン・ラモットの文章を読んでいて、こんな言葉に出会った――「信仰から得られる大切な贈り物のひとつが許しであり、そして私はこの贈り物を、その人に対して共感の気持ちが反射的に感じられるようになるまで、嫌々ながら何年もかけて、たくさんの痛みを感じながらあけた」[*20]。なんとも素敵な文章で、私は彼女が伝えるメッセージに大きくうなずいた。けれども、共感は許しではなく、許しを必要ともしない。手放すことと許すことの混同が、許しの必要性について書かれたものの多くを混乱させる原因になっている。たとえば、許さないことはあなたの幸せに悪影響を及ぼすという研究結果を読んでみれば、その研究が示しているものは、より正確には、慢性的で、生産性のない怒りや苦痛はあなたの健康によくないということかもしれない。あるいは、同情や共感は、それが自分を傷つけた相手に対するものであるときでさえ、育てていくのがよいことだとしているものかもしれない。そうした説に反論するのは難しい。ただ、それらのどれもが許しを必要とはしていないのだ。

〝許した〟とはどんな状態か

私はこれまでに100人以上の人々に、実体験に即してその人にとっての許しとは何を意味するかを尋ねてきた。質問はこのようなものだ――「誰かを許したとき、それをどうやって知るのですか？　あなたが誰かを完全に許した、あるいはその過程にあることを示すシグナルやサインはどのようなものですか？」。これらへの回答として、私は具体的な例を求めた。〝許し〟という言葉を使うとき、私たちはたがいに違う意味で使っていても、相手も同じものを指していると思い込んでいることがある。

このインタビューは、私がカウンセリングルームで見てきたこととの裏づけとなった。多くの人はこの言葉を、時間を経て傷ついた気持ちを手放すという経験を表すために使っていた。受けた傷にとらわれることをやめ、そして、あなたを傷つけた相手の行為を思い出すときに、感情的にならずにいられることを指しているのだ。許すことについて話すとき、過去の加害行為を思い出しても、もう気持ちが乱されないことを言っている。あるいは、たまに怒りが込み上げてくることはあっても、前ほど頻繁でも激しくもなく、そしてそこから以前より距離がとれるようになったことを言っている。

また人によっては、〝許し〟を高尚な精神の状態を表す言葉としてとらえている場合もある。「私が許すとき、私は悪いことをした相手を愛と光で包みます。私はその人に対する慈愛の気持ち（ラビングカインドネス）を心に抱き、その人の幸せと健康を祈ります」と。以前、許せないことも許すという特別な能力を扱う人々と仕事で会ったことがある。根源的な許し――すなわち、非常に悪質な行為やとても恐ろしい状況にあってさえも抱くことのできる愛と思いやりのかたち――を教え、実践している人々だ。

この人たちの見方では、許しとは傷ついた側が自分のために手放すことを含むだけではない。さらにその先で、自分を傷つけた相手の痛みを認識し、その人の幸福と健康を祈ることまでをも含むのだ。彼らの言うこの〝根源的な許し〟は、誰にでもできるものではないし、誰もが求めているものでもない。生きる気力を奪うような怒りや苦しみ、痛みから自分を解放するために、その方法をとらないからといって、その人が劣っているとか、冷酷だということにはならない。

許さなくていいこともある

私がこの許しという言葉を使うのは、慎重に、かつ包み隠さず話をしてもらったうえで、十分に検討したときだけにしている。誠意ある謝罪――あるいは、別の方法でも、相手の人たちが本当に悪いと思って二度と同じことを繰り返さないと示してくれること――がない状態では、人が傷ついたり痛みを与えられたりする出来事を許すということの意味が私にはわからない。それでもその相手を愛し、幸運を祈るというのならわかるのだが、それは許すとは別軸の話だ。

私にとって〝許す〟という言葉は、〝尊重する〟とよく似ている。それは、命令されたり要求されたり、強要されたりすることはできないし、また理由なしに与えられることもない。親しい人間関係において、それが問題になるときには、私はジャニス・エイブラムズ・スプリングのこの言葉を思い出す。「謝らない加害者を許すとき、あなたは自分の人間性を回復できない。彼はあなたの許しを得るための努力をしたときに、人間性を回復するのだ[*21]」

これは私が〝許さない人〟というラベルを貼られるような人間だということではない。それどころか、逆に私を傷つけておきながら、自分のしたことについて謝ることも、自分の無神経さや品位の欠落に向き合うことも決してしない相手に対して、共感と理解の境地に達することを実際に経験したこともある。

これまで公私の経験を通して私が学んだのは、悪いことをした人であっても、その人を大きな構図でとらえることが大切だということだ。決して、その人がした最悪の行動や、いちばん印象の強い無神経なふるまいだけに、その人の人物像を縮小して当てはめてしまってはいけない。私は、自分自身のことを含めて、人間関係の問題を見るときには、できるだけ広い範囲をカバーできるレンズを通して見るようにしている。そして人には、個人を責めたり診断を下したりするのではなく、パターンを理解するよう教えている。

つまり許しという言葉は、傷つけられた側がたどり着けるかどうかわからない境地――自分を傷つけた相手に情け深く接し、受け入れること――を表すために使われる言葉ではない。自分のしたことが理解できない人、自分を守りたいがためにこちらの言うことに耳を貸さない人、自分が謝るなんてまったく思いも及ばない人から、不当な扱いを受けたと感じながら使う言葉ではないのだ。

許さなくても愛せる

〝許し〟という言葉の複雑さを考えると、私は下の息子のベンと交わしたあるときの会話を思い出す。前著『女性が母親になるとき』を執筆していたときのことだ。当時高校2年生だったベンは、その本のある章に私がつけたタイトルに反論してきた。それは、「どんな母親が自分の子どもを憎むのか（What Kind of Mother Ever Hates Her Children?）」というものだ。ベンは、私の文章から「憎む」という言葉を削除すべきだと言ってきた。母親は子どもを憎まないというのが彼の主張だ。ベンはいつもいいところを突いてくる。

しばらく話しているうちに、もしかしたらベンは、憎しみというのは固定されるもので、永遠に愛を打ち負かしてしまうと思っていたのかもしれないと、私は思い至った。私の考えはそうではなく、私たちは人を30分憎むこともできるし、頭と心の問題には固定されてしまうものはひとつもないこと、それから愛と憎しみは共存しうる、というものだった。

そのうちに、会話の流れが変わった。

「もしぼくが人を殺しても、母さんはぼくを愛するの？」。今度はこんな質問を突きつけてきたのだ。いかにもベンらしいと私は思った。

少し間を置いていると、ベンはさらに難しい、こんな質問をしてきた。「もしぼくがマットを殺したら？　マットとパパの両方だったら？　それでもママはぼくを愛するの？」

そんなこと考えてみることもできない、と私は言った。

「もしもそんなことをするとしたら、それはあなたではないわ」と私は言ったが、ベンは答えを求めてなおも尋ねてきた。「それでもぼくを愛してくれる？」

私の答えはイエスだった。「イエス、それでも私はあなたを愛するでしょう」

ベンの質問はさらに続いた。

「本当に？」――「イエス、私はあなたを愛する」

「ぼくを見捨てないの？」――「イエス、私は刑務所にも面会に行くでしょう」

「でもショックは受けるよね？」――「イエス、私は罪の意識を感じ正気を失ってしまうでしょう」

「ぼくを憎まないの？」――「イエス、私はあなたを憎むでしょう」

「じゃあやっぱり愛せないのでは？」――「ノー、私はあなたのために嘘は言わない」

「許してくれるということ？」――「ノー、私はあなたを許さない」

「それでもぼくを愛していると？」――「イエス、私はあなたを愛する、あなたはいつでも私の一部だから」

ベンは満足した。

私は、ベンがこんな複雑なことを受けとめることができたのがうれしかった。そんなことがあったら、私はあの子を許すことはできない。それでも私の人生から放り出してしまうことはできない。私はあの子を愛することと憎むことの両方をやめることはないだろう。許しの専門家たちが二元的な言葉（〝加害者を許すか、自分自身の怒りと憎しみの虜でいつづけるかどちらかしかない〟）で話すとき、彼らは厄介なくらいに複雑な人間の感情を、単純な二元対立の公式に当てはめようとしてしまう。まだ子どもだった息子でさえ、それ以上のことは理解していたというのに。

傷ついた側の人が必要とする言葉

もしも、許しというものを、感謝と同じように、普遍的な癒やしの感情と信じているとしたら、あなたは傷ついた人に、その人を傷つけた相手を許すようけしかけてしまっていることがあるかもしれない。よかれと思ってしたとしても、それは傷ついたその人に、もう一度一から犠牲を払わせてしまうリスクを冒すことになる。[*22]

先ほどのレッティと娘のキムのあいだで起きた癒やしのプロセスを思い出してみてほしい。キムがレッティに「……少なくとも母親は帰ってきたわ」と言ったとき、キムは、紛れもない許しの境地からその言葉を発していた。レッティは心を全部傾けて聞くことを通し、長年のキムの経験を認め、難しい会話を自分から進めた。そして自分がどんなふうにキムをがっかりさせたかについて、誤解の余地のない言葉で謝罪を伝えたことによって、キムの許しを得ることができた。

それが、もしもキムの怒りに反応して、レッティがこんなふうに言っていたらどうだっただろうか？「キム、あなたのお父さんがしたことは、ずっと昔に起こったことなの。私にも間違いはあった。でも、間違いは誰にでもあるわ。過去をほじくり返して、いつまでも昔の怒りにしがみついているのが何かの役に立つとは思えない。ただ許して次に進むことはできないの？」

これでは、たとえ善意から出た言葉であったとしても、キムをまたひとりぼっちで見捨てられた気持ちにさせていただろう。そうなると、キムは、母親とのあらゆるやりとりの下に流れ続けていた怒りにいっそうしがみついてしまったことだろう。それにしても、決して娘に許しを求めなかったレッティは、えらかった。

では、傷ついた側が聞く必要があるのはどんな言葉なのか？　怒りや苦痛にしがみつくように見える人々は、裏切りやネグレクトを経験したすぐあとに、明確で直接的な、心のこもった共感を経ていないことがよくある。あなたが訴えるような悪いことは実際には起こっていないとか、あなたの気持ちと認識がおかしいとか、バランスを欠いているとか正気でないとかいう言葉を聞かされているかもしれない――もしくは、それは起こるべくして起こったことで、自分が悪いとか、自分で選んだことだ、とか、自分が招いたことだとか、あなたが面倒をかけたせいだとまで言われることさえあるかもしれない。

傷ついた側の人が聞く必要があるのは、その人が本当に恐ろしい体験をしたことを認める明確な言葉であり、その人の気持ちと認識を当然のものとして肯定する言葉で、それがなければ癒やされない。その段階を踏まずに、ただ許しを勧めるのは、傷ついているその人の感情を、いっそう不安定な裏切られた気持ちのままで放置してしまうことになりかねない。これは、負った傷や受けた侮辱の度合いが小さくても起こりうることであり、それが大きいときにはなおさらのことだ。

「彼を許すことはできませんか?」というのは、傷ついたり、犠牲を払ったりした側の人がいちばん聞かなくてよい言葉だ。「彼女はできるだけのことをしたんだ」とかいう言葉で、抱えつづけたままでいる怒りと痛みの重荷を、その人が下ろす方法を見つけられるよう勧めたり祈ったりするのも大切なことだろう。けれど、ひどいことをした相手の責任を免除するように扱い、意志や美徳といったヒロイックな行為を通して自分の怒りを超えていくのはまた別の話だ。

〝許す〟のグラデーション

許しとは、たとえば、妊娠しているか否かのように、白か黒かのどちらかでなければいけないもののように語られることが多い。あなたを傷つけた相手を受け入れるか否か、その人を許すのか、許さないのか。しかし、本当は、その相手を95パーセント許すこともできるし、2パーセントしか許さないこともできるし、そのあいだにあるどれだけでも許すことは可能なのだ。このシンプルな考え方を紹介すると、私のセラピーの患者さんたちは驚き、ほっとすることが多い。そのメッセージに共鳴するのだ。そのことがよくあらわれている事例があるので、ここでひとつご紹介したい。

CASE 26

夫の謝罪が誠実でも、浮気のショックから立ち直れない

ローザと夫のサムが、はじめて相談に来たのは、サムの浮気をローザが知ったあとのことだった。サムは浮気を否定せず、ローザに追及されるとすぐに浮気相手との連絡をやめた。

私がうれしかったのは、ローザがこのことを自動的に許せないことと位置づけてはいなかったことだ。浮気というのは、不幸な結婚にのみ起きる特別な問題ではない。幸せに続いている夫婦でも起こらないとは言い切れないのだ。サムとローザは長年良好な関係が続いていて、7歳と10歳のふたりの息子もいる。もしかすると、妻と一緒に夫婦セラピーを受けたいという熱意が、許しの可能性を広げる余地をつくる最初のステップだったのかもしれない。

ふたりの結婚の布地を織りなおすというのは、時間がかかり骨の折れる仕事だろう。

誠実に自分のことを思っていると信じていた男性が1年にもわたって嘘をついていたこ

とに、ローザがショックを受けていることは目に見えてわかった――何層にも塗り重ねられていた嘘が、性的な裏切りのうえに言葉にできないほどの痛みをもたらしたのだ。サムがどれだけ謝り、悔悟の言葉を口にしても、ローザのほうはたびたび、怒りと絶望感と狂気と収まりのつかない気持ちに襲われ、浮気の事細かな内容が頭から離れなくなってしまった。彼女の人生はもう何ひとつふつうには戻らないのだという気持ちから解放されることはなかった。

彼女の怒りと痛みは、サムがいくら誠意を持って真実を語り、将来においても誘惑を避けると誓い、関係を修復するためにできることは何でもするという努力を繰り返し見せても、それに反応して魔法のように消えることはなかった。

大丈夫な気がしても、ふとした瞬間、ふとしたきっかけで、サムの裏切りが感情に与えた重さがのしかかってくるというのだ。彼女はそのことについて何度も話すことが必要だった。そしてサムは素晴らしい聞き手になった。私のコーチングと、私が薦めたジャニス・エイブラムズ・スプリングの著書『もう一度ベストカップルを始めよう』[*23]の助けを借りて、サムは、彼にとっては永遠とも思えたかもしれない時間をかけて、彼女の怒りと悲しみに身を入れて耳を傾けるようになっていった。

少しずつローザの痛みを引き受け、自ら背負っていくことができるようになっていったのだ。それは、レッティがキムに対してしたのと同じだ。もう100万回も言われたように感じている浮気の話をローザがまた持ち出すのを恐れながら待っているのではなく、サムは、その話を〝自分から〟始めることを学んだのだ。ローザに調子はどうかと尋ねることから始め、それから、自分はどれほどひどく彼女を傷つけてしまったかをいまも考えつづけていると伝えた。彼はローザひとりに痛みを抱えさせておくことはせず、話を進める責任も押しつけるようなことはしなかった。

スプリングは、これを「警戒心の転移（the transfer of vigilance）」[*24]と呼ぶ。スプリングの説明によると、浮気においては、浮気をしたほうの当事者が、自分は何度も謝っているのに、相手がその裏切り行為にいつまでもとらわれたままでいることを不満に思うことがあるという。その人は明らかに相手に次へ進んでほしいのだ。だが、スプリングが指摘するのは、もし彼が彼女の痛みを聞き、それを取り込み、自らも抱え、それに注意を向けることができないのなら、彼女の傷が癒えることはないということだ。彼女の本は、信頼回復までの、平坦ではない長い道の途中、ずっとサムにとっては欠かすことのできないものになった。「悪かった、許してください」と言うだけでは、たとえそれが1万回繰り返されたとしても効き目はない。

ローザとサムがセラピーを終了してから数年後、ふたりは再び私のもとを訪れ、上の息子の育児のことでもう1回セッションを申し込んできた。そのセッションの終わりに、サムはローザのほうを向き、唐突に、ところできみはぼくを許してくれたのか、と尋ねた。その質問をサムがそれまでに何度もしていたのは明らかだったが、それでもその場でというのは不意の出来事だった。想像するに、ふたりそろっての私との再会は、そもそもなぜ私のカウンセリングに来たかを思い出させる強いきっかけになったのではないだろうか。

ローザはしばらく黙っていた。何と答えてよいものかととまどっているようだった。そして、前回のセラピーを終えたときに私が言った言葉を引き合いに出して話してくれた——何パーセント許すか、あるいはまったく許さないのかも、彼女自身が選べばいいし、それに、結婚生活を続けて、サムに対する愛と共感を感じるために、いま抱えている怒りを手放してしまう必要はない、という言葉だ。

「90パーセント」。ローザは言った。サムは困ったような顔をしてローザを見ていた。

「浮気をしたことは許すわ」と、安心させるような声で言った。「でも、私が町を離れていたあいだに、私たちのベッドであの女と寝たときのことは絶対に許さない」

ローザはサムのことを90パーセントまでは許し、ふたりが夫婦として前に進んでいくにはそれで十分と言えた。サムは長い時間をかけて、彼女の許しを得て、信頼を回復しようとがんばった。ある意味、彼らの結びつきは、それまで以上に強いものになった。ローザが残りの10パーセントは許さないと主張したことで、サムは妻に敬意を払うようになったのではないかと私は考えている。もしかすると、長い年月のあいだに、許さなかったその10パーセントは、縮小されるかもしれないし、されないかもしれない。いずれにしても、ローザは確固たる根拠にもとづき、全てを許す選択はしなかったのだ。

許すことを知らない根に持つ人々

表面的とはいえすぐに許しを与える人とは対照的に、絶対に許さないという態度を決め込む人もいる。父の姉で私のおばにあたるアニーは、そんなひとりだ。私がウィスコンシン大学の2年生だったとき、送ってくれたプレゼントにお礼を言いそびれて以来、連絡してももらえなくなってしまった。私は大人として丁寧に謝り、また連絡を取り合えるようがんばってみたが、数十年に及ぶその努力も実ることはなかった。

こちらから送ったカードや小包は、開封されないままで送り返されてきた。ロサンゼルスの彼女の自宅に二度電話したときには、どちらのときも、私からだとわかったとたんに切られてしまった。一度だけ、私の結婚式の招待状を送ったときだけは返事が来たが、走り書きの文字で欠席を伝えてきただけだった。おばは私の姉妹とも連絡を取っていなかった。「許し」はおばの辞書には存在しない。侮辱されたと思えば、それが現実であっても想像であっても決して受け流すことはしない。絶交は、私の父の家系に代々受け継がれてきたやり方だ。

人間を含む哺乳類は、ストレスにさらされると「戦うか逃げるか」の反応をするようにできている。その図式で考えると、おばのアニーをはじめ、父方の親類は逃げるほうに強く傾いている。祖母のティリーは、自分の血縁者とも交流を持たない人だった。亡くなるまでの20年ほどは近くに住んでいたにもかかわらず、娘のアニーとも口もきかなくなっていた。

私の両親はふたりともロシアからのユダヤ人移民の子で、親の世代は、故国からの壮絶な移民体験を含め、はかりしれない苦難と喪失を経験している。母方の家族には、「血は水よりも濃い」という考え方が根づいていて、苦しいときほど結束を固めていった。

一方で、父方の家族は、同様の苦難と喪失のあとに残った不安を乗り越えるために別の手段をとった。怒ってばかりいる者がいれば、家族であってもすっぱりと付き合いをやめてしまい、まるでその人が祖国に帰って、二度と戻ってこなくなってしまったかのようにふるまった。もしも家族の誰かをあなたのほうから攻撃するようなことがあったとしたら、その人は絶対にあなたを許さないだろうし、もしかするとあなたの存在さえ無視しはじめるかもしれない。おばのアニーが口をきいてくれなくなったときに、私にできること、あるいは言えることは何もないということを、本当の意味で受け入れることができるまでには長い時間がかかった。個人的なこととして受け取る必要がないとはわかっていても、それは言葉にできないくらいに悲しいことだった。

どこの家族や文化にも、それぞれの伝統があるもので、謝罪の気持ちの伝え方、受け取り方にも違いがある。ファミリー・セラピストのモニカ・マクゴールドリックは、アイルランド人の国民性に関するジョーク（〝アルツハイマーになっても遺恨の念は忘れない〟）を引き合いに出して、アイルランド人の伝統とでもいうべき、執念深さについて書いている。[*25] 対照的に、ユダヤ人の文化では、許すことが非常に大事にされていると も。

どの世代にも例外があるように、そうした類型には数えきれないほどの例外がある。私の父方の親戚には、絶交の王様と女王様が含まれている。モニカ自身、アイルランドのルーツを持つ人だが、とてもオープンな心を持った人であり、大きな違いを目の当たりにしても、人々がつながりを保てるよう手助けするためにがんばる人だ。モニカの著書『You Can Go Home Again（あなたはまた家に帰れる）』は、家族の中に扱いにくい人がいたとしても、広い、思いやりのレンズを通して見ることを読者に教えてくれる。おばのアニーに見せたら、きっとすぐにゴミ箱行きになるだろうが。

傷ついた関係を修復できずに困ったときには、自分の家族の中で見られる思いやりと許しのパターンを考えてみると、ヒントが見つかることがある。家族のパターンを考えることで、侮辱されたり傷つけられたりしたときの、あなた自身の反応の癖がよく見えてくるかもしれない。前述のおばのアニーをロールモデルにしたいと思う人はめったにいないだろう。それに、誰もが自分を傷つけた人々とも手をとり、歌を歌いたいと思うともかぎらない。ほぼあらゆることがそうであるように、極端に走っても仕方がないのだ。

許せないことを悩まないで

私は、許しの問題で苦しんでいる人々と、数十年一緒に仕事をしてきて、これだけは真実だと言えることがひとつある。それは、ネガティブな感情の苦しみから自分を解放するために、自分を傷つけた相手を許す必要はない、ということだ。相手がした何か具体的な行動もしくは行動の欠如を許すことができなければ、愛と思いやりの境地にたどり着けることは決してない。許していないことを心に抱えていたとしても、また、もう二度と会わないと決めた人がいたとしても、それであなたは愛情深くないとか、未熟な人間だとかいうことにはならない。されたのが一度の大きなことでも、無数の小さなことでも、それによって残ってしまった怒りを抱えたままで、前進していけるとしたら、あなたはとても強い、あるいは勇気のある人間なのだ。

何よりも重要なのは、あなたに許しなさいと言うのは――あるいは、許してはいけないと言うのは——、あなた以外の誰の仕事でもないということ。それは、あなたのセラピストでも、母親でも、恩師でも、スピリチュアルガイドでも、親友でも、人間関係の専門家でもないということだ。

CHAPTER 11

心の平和を見つけるには

人を傷つけたほうの当事者が反省の色を少しも示さず、やりたい放題やっているように見えるとき、傷ついたほうの当事者は、怒りと苦しみ、痛みにいっそうきつくしがみついてしまうものだ。自分を傷つけた相手から、誠意ある謝罪も後悔の気持ちも、あるいはしたことを認める言葉も聞かれないとしたら、どうすればよいのか？　私たちを苦しみから抜けられなくするものは何で、そこから解放してくれるものは何なのか？

私たちは皆、できれば苦しみは少ないほうがいいと思っているが、それでも自己解決や苦しみを手放すことを阻む考え方に、反射的に自分を押し込めている場合があるものだ。正義を求める私たちの心、他人の行動を理解しようとして生まれる苦しみ、そして、ものごとを個人的なこととしてとらえがちな私たちの傾向が、前進しようとする気持ちの妨げになっているのかもしれない——それは、見知らぬ他人がとった失礼な態度による場合もあれば、大切にしていた人間関係の中で起こる大きな裏切りによる場合もあるだろう。

ものごとを個人的な因果関係に落とし込まない

ブルックリンで暮らしていた子どものころ、私は母から大切な価値観を学んだ。誰かに心ないことを言われたり、されたりしたときには（たとえば、スーパーマーケットのレジで意地悪なことを言われたとか）、母はきまってこんなふうに言った。「あの人はきっと幸せじゃないのね」と。それが言い訳になるとかいう意味ではない。ただ冷静に観察した結果としてそう言っていたのだ。そして、私はその言葉を母からのこんなアドバイスだと理解していた。「ものごとはそんなに個人的にとってはいけない。不幸せや不安は、人にばかなことを言わせることがあるものだ。誰かがひどい行動をしたとしても、それはその人の問題であって、あなたには関係のないことだ」

こうした母の言葉を聞いていたおかげで、私は他人の言動に対して反応しすぎないでいられるし、人に何かを伝えるときは、自分が受け取ったよりもテンションを抑えて伝えることもできる。また、どんな人も、その人の最悪の行動だけでは判断できない複雑なものだと理解して、共感力を伸ばしつつ、人間の行動に関心を持ちつづけることができている。その視点は、セラピストとして仕事をしていくうえでとても役立っている。しかし、カウンセリングルームをいったん離れると、私はいつもこんなふうに成熟したものの見方ができているわけではない。

CASE 27

自分だけが失礼な目に遭い、気分が悪い

つい最近のことなのだが、ある医師のクリニックで起きた出来事を思い出したので、ここでちょっとお話ししておきたい。はじめてその医師のもとを訪れた私は、受付の列にならんで順番待ちをしていた。受付の女性は感じのいい人で、温かい挨拶の言葉で患者さんひとりひとりを迎え、保険証のコピーをとったり、書類に必要事項を書き込んだりするあいだも、笑顔を絶やさず対応を続けていた。

ところが、私の順番が回ってくると、とたんに女性の表情が変わったのだ。彼女は私を見ようともせず、話し方も早口で、冷たいものに変わったので、知らないあいだにドッペルゲンガーが彼女に取って代わったか、タイヤをパンクさせるみたいに、彼女の心をぺしゃんこにしたんじゃないかと思えた。なぜこの女性は、こんなにもあからさまに、私にだけ嫌悪感を示すのだろうかと考えているうちに、私の気持ちは沈んでいった。

それに、彼女の失礼な態度にも腹が立ってきた。気持ちとしては、こういうふうにはっきりと問い正したいと思っていた。「私が何か気に障ることをしたでしょうか？」、あるいは、「ここにくる人の中には、深刻な健康上の問題を抱えていて、検査結果によっては死の恐怖にさらされている場合もあるのですから、あなたはここにいる全員に同じように感じよくふるまうべきだということ、それから、その全員には私も含まれていることに、あなたはお気づきでしょうか？」と。もちろん、それを言わずに止めておくくらいの常識は持ち合わせている。

それから1時間ほどたったころ、クリニックを出た私は外の駐車場にいた。ちょうどお昼どきで、先ほどの受付の女性が自分の車のほうへ歩いてくるのが見えた。彼女は私に気づくと、まっすぐにこちらへ向かってきた。きっと、さっきのことを謝ってくれるのだろうと私は思った。本当のところ、もう会わないでもよかったが、それでも謝るのは当然のことだろうと思っていた。

「ドクター・レーナー」。彼女が呼びかけてきた。今度は伏目がちに足元を見ている。「あの、先生のご著書のことでひと言どうしてもお伝えしたくて。昨年、先生の『怒りのダンス』を読んだのですが、あの本を読んで、私の人生は変わりました。今朝、受付にいらっしゃったときは緊張してしまって、うまく話すことができなくて。ちょっと挙動不審に見えたんじゃないかと。ただ、お会いできて光栄ですとお伝えしたくて」

「まあ、こちらこそお会いできて光栄です」。私は言った。握手をしたあと、彼女は車のほうへ向かっていった。私は心の中で、「いい教訓になった」とつぶやいた。

人は他人の心を読み違える

その教訓とは、一見失礼な態度をとる人はみんなじつはあなたの隠れファンだ、ということではもちろんない。むしろ、私の話は、人は他人の意図を読み違えるもので、事実がわからないかぎり、私たちの頭にあるのは想像（〝あの人私の悪い噂を聞いたのかな？　それとも私のジーンズが破れてるから？〟）か、反芻（〝人生こんなにつらいっていうのに、どうしてみんなそんなに意地悪になれるの？〟）でしかないという事実を痛感させる。私たちは人の心を読んだつもりになりがちだが、実際のところ、それは直感とは違って、人間にはそなわっていない才能を要することなのだ。

傷ついた側が、傷つけた側を理解しようとする苦しみ

謝罪がなく、傷つけられたことの意味を理解する手立てがないとき、傷ついた側の人は、私によくこんなふうに言う。

＊「私はただ、彼がどうしてこんなことができたのか、理解したいだけなんです。そうすれば、手放せるのに」
＊「いったい彼女の頭の中はどうなっていたの？　よくあんなふうで生きていられるわね。自分でそのことを考えてみたことはあるのかな？」
＊「私を好きだと言ってる人が、どうしてあんなことができるのでしょう？」

そもそも説明のつかないことを、どうして私に説明できるだろう。見知らぬ他人が向けてくる失礼な態度はともかく、自分を養育したり、守ったりしてくれるはずの人々による私たちを傷つけるような行動を、どう考えていけばいいものか？　なぜこの人たちは、私をひとりにして、守りも救いもせず、逆にひどいことをするのか？　これは小さい子どもが言葉で言い表せるようになる前でさえ、抱え、苦しんでいる疑問かもしれない。それは、私がいい子すぎるからなのか、それとも悪い子だからか、かわいすぎるからか、それとも醜すぎるからなのか、特別すぎるからなのか、それとも価値がなさすぎるからか、手がかかりすぎるからなのか、それとも親たちの思いどおりにならないからなのか？

子どもはとても早い時期から、人を傷つけるような家族の行動の意味を探りはじめるもので、自分に責任があると思い込むことで、自らが完全に依存している〝いい親〟のイメージを壊さないようにしようとすることが少なくない。子どもには強い正義感がそなわっているが、同じくらい強い気持ちで、自分が頼りにし、愛する人たちを許したいと思っているものだ。

私たちは大人の人間関係においても、やはり同じことで苦しんでいるかもしれない。

「どうして私のことを好きだという人が、こんなことをするの？」と。たとえば、友達やパートナーの選び方を間違えることによって、過去の失敗を繰り返していることもあるかもしれない。それは、歴史を繰り返すことに対して、マゾヒスティックな願望があるとかいう話ではない。そうではなく、私たちの愛や善意や苦しみ、あるいは聖人のような忍耐と寛容さで、〝この人〟を変えることによって、過去の傷を癒やそうとしているということなのだろう。たぶん、がんばれば、次は違う結末にたどり着ける可能性もあるのだ。あるいは、もしそれができなくても、その人がそんなことをする動機くらいは少なくとも理解できるかもしれないと、空想は尽きない。

精神科診断の功罪

このごろ、とても扱いにくい人に出会うと、診断をすることでその人を理解しようとする人が少なくない。私のカウンセリングルームにも、そうして元凶を〝発見〟できたことで安心し、うれしそうにやってくる人は数えきれないほどいる。その人たちは、自分の家族のことが書いてある本のページを見つけたといって、それを見せてくれる。彼らの診断によると、母親が境界性パーソナリティ障害だったり、妹が自己愛性パーソナリティ障害だったりするわけだ。

こうしたラベルを貼ることは、実際いくらかは慰めになる。正式な診断があるなら、それは、家族の不可解な行動や、それを直せないことについて、傷ついた側の人が抱えている責任感のようなものを振り払うのに役立つことは考えられる。診断のラベルはまた、悩んでいるのは自分だけではないという感覚も与えてくれることがある。あなたが成長していく過程で、家の中で起こっていたことは、恥ずかしいことでも、自分だけが経験することでもない——数えきれないほどの他人が、同じように診断される親やきょうだいを持っていた、あるいはいまも持っているのだから。

傷ついた人は、そうした診断のラベルを、脳にできた腫瘍が突然あらわれる攻撃性の説明になるのと同じように、家族の加害行動を説明し、正当化さえするものと見なすかもしれない。実際のところ、こうしたラベルは、ほとんどどんなことの言い訳にもならないし、説明にもならない。それらは、私が人間の感情の動きを観察するためのレンズにはならないし、精神科の診断は、解決の手助けにならないことのほうが多いと、私は思っている。

それでも、このごろは加害した人に対して正式な精神科の診断を下すことで、傷ついた人の苦しみが軽減されるように見えることは理解できるようになってきた。「彼女は正式な精神障害だから、あんなことをしたんだ！」と。「ときに許しへの最初の一歩は、相手が正気ではないということに気づくことだ」とはよく言ったもので、たしかにここには一理ある。

他人を診断してラベルを貼るよりもはるかに価値があるのは、その人の来歴や素性を知り、不安や羞恥心がどれほど善人をも悪事に駆り立てるかについて、ブレない見識を持つことだ。心理学者としての私の仕事の中心は、人々がより広い視野を持ち、家族ひとりひとりの強いところや弱いところを認識することを含めて、より客観的に理解する手助けをすることにある。どんな人にもその両方があるからだ。

何世代もさかのぼり、家族がたどってきた道を知り、時間的にもより広範な視点を得て、誰もがどこかで属しているパターンと家族の中の人間関係を理解することで、家族の誰かの行動の意味が変わる可能性はある。一歩下がって、広い視野でものごとを見れば、誰かの行動の責任を問うときでさえも、思いやりの心で怒りを和らげることは可能だ。そして、ものごとを大きくとらえて考えることは、たとえ許さないという選択をしたときにでさえ、つねに役立つものだ。

怒りにしがみつくほうが楽という矛盾

悪いことをした相手を理解したいと願うことは、全体像のほんの一部でしかない。「私はただわかりたいだけだ！」という傷ついた側の人は、後悔すらしない相手が、自分を苦しめたのと同じように苦しむことを望んでいるかもしれない――完全に人間としてふつうの衝動だ。

CASE 28

婚約破棄してきた元恋人を罰したい

「私は悪くありません。苦しんでいるのは私なんです」

患者さんのひとり、アマンダはこう話しはじめた。元婚約者のメーガンに、なんの前触れもなく一方的に婚約を破棄されたあとで、私のところに相談にきたのだ。

ふたりは同性婚が法的に認められる日を長いあいだ待ち望み、「この日はあけておいて」と記した招待状も発送済みで、結婚式の準備も進めていた矢先のことだった。彼女の婚約者は、別れの理由を空虚で陳腐な決まり文句で説明した。「あなたのことは愛しているけれど、もうあなたに恋してはいない」、「あなたは私にはもったいない」。そして、すっぱりと連絡を絶ってしまった。もちろん、アマンダは、メーガンが罰を受ける姿を見たいと思っている。今世でそれができないなら、来世であっても。

一方で、婚約を破棄したメーガンのほうは、振り返ることもなく、すぐに次の恋に進んでいた。

予期せずして訪れる別れに対処するのはとても難しい。そしてとくにつらいのは、ひどいことをした張本人に、まったく苦しんでいる様子が見えないことだ。婚約解消から2年後に、アマンダが私のもとを訪れたとき、彼女はまだそのことを考えるのをやめられずにいた。もちろん、四六時中そのことばかり考えているわけではなかったが、過去を思い出すことがひとつ、ふたつあると、もう止まらなくなって、ねじれたハートに、落ち込む気持ち、高まる怒りを一から全部経験するのだった。

悪いことをしても謝らない相手が、絶対に責任を認めようとしないとき、私たちの脳は、苦しみを繰り返すという反応をしてしまう。傷ついた側の怒りは理に適ったものかもしれないが、それは生産的な問題解決にはつながらず、ただ脳の中に大きくネガティブな溝をつくり、睡眠の邪魔をするだけだ。けれど、もし、怒りや憎しみの対象に向かう自分の心を抑えたり、怒りを背景に押しやろうとしたりすれば、予想もしていなかった新たな課題が立ちはだかってくるかもしれない。場合によっては、古い怒りにしがみつき、その重みを背負いつづけているほうが、楽なこともある。

抱えた怒りが私たちを癒やす4つの例

怒りにしがみついているのではなくても、まだ自分の怒りから離れる準備ができていない、と感じることはあるものだ。それは、自分を疲れ切った妻あるいは夫だと感じることに、歪んだ愉しみを見つけているということではなくて、もしかすると、長い時間のあいだに、使い慣れた毛布にくるまるように、痛みや苦しみにすっぽりと包まれていることに慣れてしまったということかもしれない。さらに大事なことは、怒りを抱え、疲れ切ったままでいることは、意識している、いないにかかわらず、次の４つの点で、私たちのために役立っている。

1つ目は、私たちの苦しみは、それを与えた相手の行動が、どれほど深く私たちを傷つけたかを世間にも示すことで、復讐の手段になることだ。しっかりと自分の足で立ち、人生を前に進めていくことは、自分を傷つけた誰かを許すのと似ているかもしれない。「もういいよ。こっちはもうかなり調子がいいから、あなたのしたことは本当はそれほど私を傷つけなかったんじゃないかな」とでも言うような感じだろう。

2つ目に、加害してきた特定の相手だけに怒りを感じることを自分に許すことは、別の人（時には自分自身）とのもっと重要な関係を守っていくうえで役立つことがある。たとえば、息子の妻があなたに失礼な態度をとったのに、息子は妻に対してしっかり注意できないでいるとする。このとき、妻の態度は妻自身の問題だと、怒りの矛先を息子の妻だけに向けていれば、息子の不甲斐なさにいら立たずにすみ、息子との良好な関係は保たれる。また、父親が人を見下した傲慢な態度をとる人だったとして、あなたはその父親に対して怒りを感じたことはなくても、父親の葬儀に兄が出席しなければ、兄に対して腹を立てることはある。離婚後に子どもたちを引き取った元妻が、アルコール依存になって、無責任な行動をとっていると責めることができるのは、元妻に子どもを世話する能力がなかったと知ることで、自分自身が子どもたちを守ることができなかったという恥ずかしい思いから自分を守ることになるからだ。ある人のネガティブなイメージに焦点を当てることで、別の誰かや自分との関係を含む人間関係の好ましいイメージを守ることができるのであれば、それはなかなかやめにくい。

3つ目は、手放さない怒りが、自分を傷つけた相手とのつながりを保つものになるからだ。怒りは、(ネガティブなものではあるにせよ)愛と同じ強い執着のひとつのかたちだ。怒りも愛も、私たちを誰かの近くにつなぎとめてくれるものであり、多くのカップルが法的には離婚しても、感情的には離婚しきれないのもそのためだ。もし、別れてから何年もたつのに、元妻や元夫と電話で話したり同じ部屋にいたりするだけで、胃が縮こまる感じがするとしたら、それはまだ相手に執着があるということだ。

4つ目は、怒りに彩られた内なる会話にしがみついていれば、いつか正義を手にするという夢想を生かしておける——その相手が〝私が悪かった!〟となる念願の1日がいつかやってくるのだと。加害者である相手に自分の現在の感情生活に対して大きな力を持たせてしまうようなつながりを、わざわざ持とうと考える人はいない。しかし、これからお話しするカトリーナの例が示すように、この希望を手放すのはとても難しいことなのだ。

なぜ別れた相手を憎むのをやめられないのか

CASE 29

元夫への呪詛が生きがいになっている

カトリーナは、私がロサンゼルスでセラピストのためのワークショップを開いたときに相談に来た女性で、それから3回会うことになった。

カトリーナには結婚して15年の夫がいたが、その夫は、IT業界で大成功を収めると、すぐに彼女のもとを去ってしまった。彼女のほうはそれまでずっと彼を愛し、つねに彼の仕事を支え、起業したばかりの会社の仕事に彼が集中できるように、自分のキャリアの機会を犠牲にして娘の育児を全部ひとりで引き受けた。私のところに相談に来る3年前に、もっと聞こえがよくて儲かる仕事がしたいと、シカゴからロサンゼルスへ移ることを彼が熱望したときにも、しぶしぶながらも同意して彼についていった。

夫が離婚の申し立てをし、大手広告会社の若くて美しく、金もあるマーケティング・ディレクターの女性を家に連れてきたのは、引っ越しから8カ月後のことだった。カトリーナがあとで知ったのは、ロサンゼルスへの転居の動機は、もとはといえば5年間も遠距離で続けていたその女性との関係にあったということだった。つまり、最初から計画していたのだ。離婚の申し立てをしたとき、彼は街でも指折の敏腕弁護士を雇い、結局彼女は本来なら受け取ってしかるべき額よりずっと少ない慰謝料で合意書にサインした。10歳の娘、アナの親権はカトリーナが取った。

アナは、父親の新しいガールフレンドが気に入り、プールと大きな娯楽施設のあるハリウッドヒルズの家にとどまりたがった。さらに、そのガールフレンドがアナに子犬を買い与えると、アナは大好きな子犬と離れて暮らすのは嫌だとカトリーナに言った。カトリーナは、そうして幾重にもなった痛みを説明してくれた。

カトリーナはロサンゼルスの全てを憎んだ。ただ、娘の気持ちを思うと、自分の友達と姉妹がいるからといって、シカゴへ戻るという選択はできなかった。カウンセリングを受けにきたのは、元夫に対して抱いている強い怒りと憎しみを取り除くための手引きがほしかったからだということだった。すでによい仕事が見つかり、新しい友達もできたが、それでも元夫のことを思い出すたび——あの美人で成功したパートナーに、ふたりが手にした名声、娘が気に入っている豪華な自宅、引っ越しの計画も含めてのさまざまなレベルでの裏切りを思い出すと——怒りが爆発してしまうのだった。

カトリーナが言うには、彼女は、彼を許し、前に進む方法を見つけたいが、ある理由があってできない、とのことだった。「彼を許したら私は踏みつけられ、ぐちゃぐちゃになるまで打ちのめされる気がするんです。いちばんつらいのは、私には彼が私にしたことを世間に知らしめる場がないことです」。こう言って、少し間を置き、さらに続けた。「変に聞こえるかもしれませんが、でも、本当に殴っていてくれたらとまで思うんです。そうすれば罰することができるのに」

証拠として見せられる痣が身体に残ってでもいたなら、それを法廷に持ち込み、弁護士と判事と陪審員の目の前で彼女の話を聞いてもらうことができたのに。そうすれば、彼がしたことがみんなにわかって、彼が雇った敏腕弁護士にも勝ち目はないだろうに、と言うのだった。

この空想の法廷が、いまや彼女の生きる場所になっていた。そこでなら彼女は自分の話を聞いてもらい、信じてもらうことができる。彼女の夫は自分の残酷さに、彼女の痛みに、そしてどれほどまでに彼女を踏みつけ、欺き、ごまかしていたかに向き合うことを強いられるだろう。彼は刑務所行きになり、評判はがた落ちして、そしてあとには報いと償いが続くはずだ。そうなれば、もう友達を、娘を、そして自分自身を軽んじた態度をとりつづけることはできないだろう。その法廷の場面は、何度も何度も頭の中で再生しているので、厳粛な法廷内の細部の様子も、陪審員らの同情とショックに満ちた表情も、記事が掲載されたロサンゼルスタイムズ紙の写真を目にし、恥じ入って顔を手で覆う元夫の姿までも鮮明に思い描くことができた。それは映画であれば、予想外の展開を迎え、最後には真実と正義が勝つという納得のエンディングだ。しかし、その法廷のシーンを思うことは、束の間の慰めにはなりはしたものの、同時に彼女をある誤った考えにつなぎとめる接着剤の役目もしていた——元夫は、自分がしたことを見つめ直さなくてはならず、そのあとで、彼女は彼を許さなくてはならない、という考えだ。彼女はそこに、自分を閉じ込めている小さな不幸せの部屋の扉をあける鍵があると信じていた。しかしそれどころか、その鍵を求めるせいで彼女はますます身動きがとれなくなってしまったのだ。

「あの人が私をどんな目に遭わせたか、私に何をしたのかをわからせてやるまでは、私はあの人を許すことはできません」。私は同様の言葉を、多くの離婚した男女から数えきれないくらい聞いている。十分な理由があって、すでに疲れ切っている相手が何をすべきかにこだわって身動きがとれなくなってしまうのは、とくに当事者であるふたり以外に何が起こったのかをそばで見ていた人がいないときにはよく起こる。

私の評価――怒りは持ったままでいい

カトリーナは、元夫に自分のしたことの真実を直視させるために、何かアイデアがあれば教えてほしいと、私の意見を求めてきた。たぶん、手紙に書く決め手の言葉、あるいは、彼に座らせ、もう一度彼女の気持ちを聞かせる、あるいは、新しいガールフレンドに抗議する、あるいはちょっとした回想録を出版するとか新聞のコラムに記事を出すとか、そういうことをすれば、彼女の思いは果たされることになり、それでようやく彼女は彼を許すことができるのかもしれない。彼女がえらかったのは、アナと父親との関係に配慮して、いつものようにキャンプに行かせようとはしなかったことだ。これはなかなか立派なことだ。

これも立派なことだが、カトリーナは、いつもどおりの生活を崩さず、毎日服を着替え、仕事に出かけ、娘の世話もきちんとこなしていた。彼女の失ったものの多さと経験した裏切りの大きさを思えば、当然ながら、ひどく疲れ切った気持ちでいたはずだ。私は彼女が目撃者を求める気持ちも、彼女の気持ちをはっきりと認める声を求める気持ちも、持って当然のものだと伝えた。そして、私たち全ての人にとって、いま感じる痛みと現実の曖昧さは、子どものころに負ったまま修復されず認められもしなかった傷の深さによって増幅されるものだということも。

カトリーナにはもうひとつ、彼女が聞きたくないことも言った――それは、元夫は自分がカトリーナにしたことを直視することはないし、償いをすることもないということだ。彼に真実と向き合わせたり、罪の意識を感じさせたりできる専門家は、私を含めてどこにもいない。彼女がそうしたければ、これからも空想の法廷を頭の中で再生しつづけながら残りの人生を過ごすことはできる。ただ、彼女が受けるにふさわしい、ごまかしのない、心からの事実関係の評価を彼に期待することはできない。また、彼がしたことによる痛みから解放されたいからという理由で、彼女が彼を許す必要もないのだ。

許す以外の道

私はカトリーナを、彼女が住む地域のセラピストに紹介した。技術があり、共感的な聞き方ができ、ＥＭＤＲ（Eye Movement Desensitization and Reprocessing：眼球運動による脱感作と再処理法）[*26]の専門家でもある私の知り合いだ。ＥＭＤＲは、うまくいけば、トラウマの感情面の影響を軽減し、かなりの安堵感をもたらす、比較的効率のよい治療法だ。

数年後、カトリーナからメールが届いた。そこには、ずっとよくなったことが書かれていた。そのセラピストが定期的に、明確に、そして直接的に提供してきた確認《バリデーション》の手法は、癒やしの過程の一部となっていたということだった。ＥＭＤＲのおかげで、カトリーナの気持ちは軽くなり、痛みを感じる気持ちを遠ざけておけるようになった。そのセラピストは、オーバーヒートした神経系を鎮めるのを助ける薬も勧め、明らかに彼女のためになっていない強迫的な思考から多少なりとも彼女を解放したようだった。いまでは走り、健康的に食事をし、日光を浴び、眠り、そして自分の身のまわりの世話をきちんとする生活を送っているという。こうしたことの全てと、そして時間が助けになっているということだった。

カトリーナはまた、２日間にわたる許しのワークショップに参加したことも書いていた。許しは彼女がまだ追い求めているものだったので、そこに時間とお金を投資するのは賢い選択だった。ワークショップの指導者は、参加者らが現在進行形で怒りと憤慨を抱えていることを考慮して、7つの許しのエクササイズを開発していた。嫌なことをしてきた相手を白い光で包み、その人に対して思いやりと情け、そして愛を送ることなどを含むエクササイズだ。

カトリーナは、「許しのレッスンでは落第した」のだと書いていた。たぶん自分には許しの才能がないのだということだった。けれど、ワークショップに参加しているあいだに、彼女はいくつかの洞察を得たと言い、それは入会金を払っただけの価値があり、いまも心に残っているとのことだった。

まず、最初に彼女が気づいたのは、人間関係は、最初に脱出した人や、いちばんたくさん点数を取った人が優勝者となるような競争ではないということだった。また、ある基準でくらべてみれば、元夫は傍から見えるほど、あるいは自分がそう信じているほどは幸せにはなりえないのだということにも気がついた。なぜなら、他人を欺いたり見下したりする人が、心のそこから幸せを感じたり、何のやましさも感じずにいつづけたりできることはないからだ。そして最後に、彼が手にしている〝いい人生〟に対して嫉妬と憤りは感じているけれども、自分は彼になりたいわけではないということだ。彼女は、彼がしたようなことをするような人にはなりたくなかった。自分の尊厳と品位が保たれること、それはお金で買えるどんなものよりも大切なことなのだ。

これらは彼女にとっては新しい洞察でもなんでもないが、私たちが学ぶべきことは新しいことではないと、カトリーナは書いていた。むしろ、私たちがいちばん学ばなくてはならないのは、私たちがすでに知っていることをもっと深いレベルで知り、生きることなのだと。

自分ができることをすればいい

私たちが怒りにしがみついてしまうのは、ただ単純に、相手がいかにこちらの人生を滅茶滅茶にしたかを見せつけたいと無意識のうちに思っているからだとか、それがその人たちと私たちをつなぐものだからだとか、あるいは、いつの日かその相手がこちらの望むように変わってくれるというファンタジーを持ちつづけられるからだと、私は言いたいわけではない。だからといって、そうした気持ちは自分で完全にコントロールできるものでもない。ある日思い立って、「さあ、そろそろ、私の怒りと苦しみを手放してもいいころだわ」などと決められるものではないのだ。

巷には数えきれないほどの自己啓発の本やブログ、セミナーがあふれ、どれもが口をそろえて痛みと苦しみが、幸福と喜びと同じように生活の一部となったときに、苦しみから解放されるのだと約束している。この世の中で、嫌な扱いをされるのを絶対に避けたいと思えば、暗い部屋の片隅で小さくなって、口を開かないでいることしか方法はない。もしも一歩でも外へ出たり、誰かを招き入れたりすれば、その分だけ傷つく機会は増えるのだから。たったひとりオオカミに育てられるのではなく、人間の家族の中で育つ場合も同じことが言える。ひどいふるまいをして、謝りもしなければ、傷つけても修復しようともせず、あなたの気持ちを思いやらない人というのはいるものなのだ。

自分さえその方向へ進む気持ちがあれば、手放すプロセスを助けるリソースは、世の中にはたくさんある。セラピー、瞑想、薬物療法、ヨガ、宗教、スピリチュアルなエクササイズ、執筆、アート、呼吸法、リラックス法、それから誰かの役に立つこと。これらは過去の苦しみとともにとどまるのをやめて、もっと穏やかに現在を生きる助けになる、いくつもの道筋と具体的な方法のほんの数例だ。

だが、相手が傷つけたことを認めず、修復しようともしなければ、傷ついたあなたにどうやって心の平和を見つけることができるだろう？　その答えは、その課題が手強く感じられるのと同じくらいに単純だ。〝何でもできることをすればいい〟のだ。

具体的な戦略や、癒やしの習慣、あるいはあなたに合った大きな視野、あるいはあなた自身に話しかける新しい考え方をひとつ見つけることができれば、それは価値あることだ。あなたの元夫（あるいはお母さん、もしくはほかの誰でも）にされたことをいつまでもぐるぐると考え続けてしまい、そのプロセスによってみじめな気持ちになっているあいだにも、あなたを傷つけた相手は、ビーチで素晴らしい1日を過ごしているかもしれない。それならば、あなただって手近な方法で、いくらかでも心の平和を求めてもいいはずだ。

難しいのは、それには謝らない相手はこれからも謝らないし、自分自身を客観的に見ることもなければ、ほんの少しでも心を開いて、こちらの気持ちに耳を傾けようとすることもないことを受け入れることが求められるということだ。怒りや憎しみを手放すには、過去が違うものであればよかったという希望を、夢見ている未来への希望とともにあきらめることが要求される。私たちが得ることができるのは、いまここにある現在の人生であり、そこでは自分のためにならない長引く怒りや恨みにはまり込む必要はない。

CHAPTER
12

「ごめんなさい」の先にあるもの

「ごめんなさい」は強い癒やしの力を持つ言葉だ。心からの謝罪の気持ちをこの言葉で伝えることができたなら、傷つけてしまった相手への何よりも素晴らしい贈り物になる。謝罪とは、生きる気力をも奪う怒りや苦しみ、痛みから、傷ついた相手を、解放する手助けとなるものだ。それは、その人がそうした感情を抱えるのはもっともであり、こちらがそのことを理解して、自分の言ったことやしたこと（もしくは言わなかったことやしなかったこと）に対しての責任を全部引き受けることで、相手から見た現実の正当性を認めるものになる。心のこもった謝罪は、傷ついた相手が、なぜそんなことが起きたのかと考え苦しむのをやめて、癒やしの可能性を探っていく心の余裕を与えることができるのだ。

謝罪は、自分への贈り物にもなる。人の自尊感情と成熟の度合いは、どの程度自分を客観的に見つめられるか、自分の行動が他者に与える影響を理解し、誰かに負担をかけたときにはそれを認めることができるかによって決まる。よい謝罪は、こちらの心配とは関係なく、周囲の敬意を勝ち取ることにもつながるものだ。

そして、最後にもうひとつ、よい謝罪は、人間関係にとってもうれしい贈り物になる。もしも仲のよい誰かにひどいことをしてしまい、激しい喧嘩になったとしても、謝罪によって修復の可能性があることがわかればおたがいに安心できる。それぞれが自分のしたことを振り返り、相手の気持ちに耳を傾け、ベストを尽くして修復に取り組むことができると知ることで、その人との関係は強化されていく。

謝らないことが招く悲劇

よい謝罪が持つ大きな癒やしの力とは対照的に、謝罪になってない謝罪には大きなコストが伴う。これから紹介するエピソードは、こんな謝り方ではうまくいかないということがよくわかる例だ。

CASE 30

母の面倒を見ない妹へ吐いた暴言を謝りたい

スザンヌは、テキサスに住む30代の女性で、もう1年近くも妹に口をきいてもらえないという悩みを抱えて、電話カウンセリングを申し込んできた。このままでは、妹のマリエッタと一生絶縁状態が続いてしまうのではないかと、彼女は心配していた。彼女の家庭では、上の世代から、絶交はめずらしいことではなかったので、その可能性は大いにあると考えたのだ。

スザンヌの話では、こんなことがあったという――1年前、お母さんの葬儀を終えた夜のこと、スザンヌは飲みすぎて、マリエッタにひどいことを言ってしまった。悲しみと、大陸の反対側に住むマリエッタが、母親の介護にまったくといっていいほど手を貸さなかった不満に押されて、怒りの言葉をぶつけてしまったのだという。

その晩、スザンヌは「母親への愛情がまったくない、考えているのは相続のことだけだ」と妹を非難してしまい、次の朝目覚めたときには恥ずかしくてたまらなくなり、謝ることもできなかった。代わりに言えたのは、「ゆうべは飲みすぎたと思う」という言葉だけだった。

帰宅後、マリエッタの口数が少なかったことがやはり気になり、遅ればせながら何度も何度も謝った。けれど、マリエッタのほうは、つながりを求める姉の気持ちに応えなかった。妹に壁をつくられ、スザンヌは、次第に自分が被害者のような気がしてきた。それで、今度はマリエッタが頑固で非情だと責めてしまったのだ。

具体的になんと謝ったのかと聞いてみると、ほころびを繕おうとした彼女の努力がどこにもたどり着かなかったわけが私にはよくわかった。まず、彼女は、妹を侮辱したあとで何も言わなかった。あとになって、「ごめん」を繰り返したとはいえ、そこには妹を傷つけた非難の言葉に対する責任が自分にあるということがまったく示されていなかったのだ。スザンヌが、マリエッタに伝えたのはこんな言葉だった。

「昨夜はひどいことを言ってしまって。あんなこと聞かせてしまってほんとにごめんなさい」

「傷ついたでしょう、本当にごめんなさい。あなたのことは愛してるわ」

「私の言ったことが私たちの関係を傷つけたみたいで申し訳ないと思ってる」

「お願い許して。飲みすぎると言ってはいけないこと言ってしまうの」

さて、スザンヌの謝り方のどこが悪いのだろうか？　答えは全部だ。涙ながらに謝った彼女の言葉は、感情がたっぷりとこもっていたが、自分がしたことの責任については触れられていない。自分の言ったことに対する罪の意識や悔恨や後悔を直接的に、はっきりと表現する言葉がひとつも含まれていないのだ。あの朝、ひざまずいて、こんなふうに真の謝罪の言葉を述べることはしなかったのだ。

「マリエッタ、私、自分でも信じられないくらいに、人を傷つけるひどいことを言ったこと、謝る言葉もないわ。あなたが許してくれるとは思っていないし、私も自分が許せないの。ただ、あんなこと私は本気で思ってはいないことを、この昼の光の中であなたに知っておいてもらいたいだけ。もう二度と、あんなあなたを傷つける、本当でないことを言ったり、自分の心配や悲しみからあなたを攻撃したりしないことだけは約束できるわ。私が言ったことについて、言い訳はできないと思ってる」

電話カウンセリングの結果、スザンヌは、手書きのメッセージを添えたカードを妹に送り、言葉で傷つけてしまったことと、まずい謝り方をしてしまったことに対する明確な責任の所在と心からの悔悟の気持ちを伝えることにした。スザンヌが文字にした謝罪（母親の死後はじめて伝えられる心からの責任の表明になる）は、それをマリエッタが受け取るかどうかは別として、実際に届けられることが重要だった。スザンヌは、マリエッタの反応はどうあれ、ようやく正しいことができて気分はよくなった。

謝ることに伴う弱点のひとつは、相手の反応をコントロールすることができないことだ。謝罪とは未知の世界へ飛び込むことだ。最後に聞いた話では、スザンヌとマリエッタは、まだ多少ぎくしゃくして距離はあるものの、話をする関係には戻ったということだった。この仕事をしていると、人生の中で、親の介護や親の死とその後のいろいろなことに向き合う時期にさしかかったころ、きょうだいの関係が崩れる話を聞くことがとても多い。そうしたストレスの多い時期には、下手な謝罪には深刻な影響が伴うことになるものであり、それに誰かの死は、家族が向き合わねばならない問題の中でも、適応が難しいものだ。

私は、スザンヌが、あのときの自分の謝罪の言葉にしたがって、さらに心を癒やすような会話を続け、そして自己防衛的でぼやかすようなやり方に逆戻りしないことを願っている。それから、マリエッタが態度を和らげることも。姉妹の関係というのは、失ってしまうには大きいものだ。それに、人は最初の家族から自分を切り離してしまうこともできない。近い関係にあった家族の誰かと絶縁状態になると、その家族の存在は、自分の中でいっそう大きくなるものなのだ。

修復を求める謝罪・求めない謝罪

この本の結びにあたって、まったく違うタイプのふたつの謝罪のエピソードを紹介したい。まず1つ目は、盗まれた自転車にかかわる、短い謝罪を。2つ目は、私自身が大切な友達に伝えた謝罪で、これはとても重要なものであったと同時にとても難しかったものだ。

CASE 31

自転車泥棒からのメモ

これは私の友人、リックの話だ。最近彼は、カンザス州ローレンスのダウンタウンにある自宅のガレージから自転車を盗まれた。がっくりくる出来事ではあるのだが、多くの自転車泥棒の話とは違って、このエピソードにはハッピーエンドが待っていた。リックからのメールにはこう書かれていた。

「午前4時、目が覚めたときは憂鬱な気分だったよ。明日からバケーションに出かけるっていうこんなときに、自転車泥棒に遭うなんて信じられなくて。それで、もしかして自転車が戻ってきてるんじゃないかって思いながらガレージに行ってみた。やっぱりなかった。でも、そこで私道のほうに目をやると、あったんだよ——盗まれた自転車がそのままそこに！　きっと願いが通じたんだね。

もっと驚いたのは、手書きのメモが自転車にテープで貼られていたことなんだ。それはきちんと教育を受けた人が書いたものに見えた。メモにはこう書いてあった——〝あなたの自転車に乗っていってしまったこと、深くお詫びいたします。酔っていてばかなことをしてしまいました。また、直接お会いしてこのことをお伝えする勇気がないことも重ねてお詫びいたします〟。こんなふうに自分に責任があることと悔悟の気持ちを友人に対して示す誠実さに、ぼくは心を打たれた。〝酔っていてばかなことをしてしまいました〟というのは、〝酒のせいなんだ〟と言っているのとは違う。

メモを残していった人物は、ぼくとの関係を修復しようとしてそうしたのではない。もともと関係なんてないんだからあたりまえのことだけど。近くをうろうろしていて、こちらが笑いかけでもするのを待っていたり、持ち主のぼくを見つけて、肩をぽんぽんと叩いたりすることもない。謝ったことに対して、この人は目に見えるものを何ひとつ手にいれていないんだ――実際、盗んだものを現場に返しにいくには、それなりのリスクがあったはずだ。

『ごめんなさい』の言葉が心から発せられ、それが正しいことをしようというシンプルな願いからなされているとき、それは謝罪ビジネスのエキスパートでなくてもわかるものだ。ぼくはそのとき貼られていたメモに感動し、その後もときどき、謝ることの動機となるのは、自分自身の品位を回復し、自分自身との傷ついた関係を癒やすことへの願いだけなのだということを思い出しているよ」

CASE 32

パーティーでのふるまいをめぐる泥仕合

シーラは、昔から仲のよい私の友人だ。その彼女がニューヨークで開いた本の出版パーティーに誘ってくれたことがあった。ちょうどその時期、私にはカンザスを離れるのが難しい事情があり、また、航空券も高かった。それでもやはり私は彼女のために、パーティーに出席したかった。式典に顔を出すことの大切さはすでに学んでいたし、何よりもシーラのはじめての出版は、彼女にとってとても大きなイベントだったということもわかっていた。

会場に着いてみると、シーラのほかに知った顔は、長年コラムを連載していた雑誌のシニアエディターを務めているブランシュという女性ひとりしかいなかった。結局、私は隅っこの席にブランシュとともに座って、これといって話すこともないまま約2時間、ただぼんやりと時間をつぶすような格好になった。そうしているあいだに、じつは別の部屋にほかのゲストが集まっていて、乾杯がはじまったのにも気づかず、ブランシュとふたり、パーティーの途中から参加することになってしまった。

カンザスへ帰ったその晩、シーラから電話がかかってきた。私はてっきり来てくれてありがとうとお礼を言われるものと思っていたが、そうではなく、パーティーで、私は理解に苦しむふるまいをした（もしかしたら〝非難されるべき〟という言葉を使ったかもしれない）という苦情だった。そして、彼女がどれほど傷ついたか（そして怒っているか）を話しはじめた。ほとんどパーティーのあいだ中、ひとりだけのゲストと座ったままで、彼女の友達に挨拶をしようともしない。よくもまあそんなことができたものだ。ゲストの中にはあなたの本を読んで、著者に会いたいと思っていた人もたくさんいたのに知らなかったのか。そして、別の部屋でパーティーが始まっているのに、自分のことに没頭していて半分も見逃すとは何ごとか――つまり、私は彼女の友人たちをがっかりさせたうえに、彼女を困らせたのだということだ。私は不意打ちを食らった気がした。その日の私のふるまいに問題があったとは思ってもいなかった。私にしたら、高い飛行機代を払い、なんとか都合をつけて駆けつけたというのに、終わってみれば私がパーティーを台無しにしたと言われている。彼女の批判は大げさでフェアでないように思えたので、私は、「悪かった、でも……」という自己防衛モードで反応してしまった。

「ごめん」。私は言った。「でも、だったらどうして早くにブランシュから引き離して、どうしてほしいか言ってくれなかったの？」

「それは私の責任じゃないでしょ」。シーラは噛みつくように言い返してきた。

「あなたの責任だなんて言ってないのに」と私は答えた。「私が言ってるのは、そうするように言われてたら、挨拶回りだってもちろんしていたってことなの。肩を叩いてくれるだけでもよかったのに」

「あなたのすることを監督したり、いちいちどうしなさいっていうのは私の仕事じゃないの」。シーラは怒りを募らせていた。明らかに私が火に油を注いでしまったのだ。

私は本当に腹が立ってきた。問題があるとしたらふたりのどちらにも関係しているということが、どうしてシーラにはわからないのだろうか？　そもそも、彼女が友達の何人かにでも私を紹介したいと言ってくれていたら、簡単にすんだことではなかったのか？　それに、私だって始まると知っていたら、もちろん乾杯の最初から参加したかったのだから。シーラは大人らしくふるまうどころか、パーティーのあいだ中、自分がまるで私の無神経さの犠牲者であるかのように、ただ不満をためたまま黙って過ごし、それをあとになって責め立てているのだ。なにかと大変な時期に高いチケットを買ってニューヨークまで出かけたという事実も手伝って、いっそういら立ちが募った。結局私は、もうひとつ紋切り型の〝謝罪もどき〟の言葉をならべて話を終わらせた。「ブランシュと長話してしまったことで、あなたを怒らせてしまって本当にごめんね」と、私は言ったのだ。

それからの数日間、怒りで熱くなった頭を冷やして、私は自己防衛モードに入っていなかったかと振り返ってみた。シーラは勇気を振り絞って、私のふるまいについて、意見を突きつけてきたのだ。彼女は自分の批判を私に聞いてほしかったのであって、そのタイミングで批判し返すのはよくなかった。彼女は怒りと深く傷ついた気持ちを語ることで、傷つきやすい状態になっていた。それらの感情を私が妥当だと見るか否かは、どうでもよいことなのだ。それらは彼女の感情だ。私は、親しい友達に対して、人との付き合い方がそれではいけないと口出ししたくなることがよくある。これは人間関係のパターンがはっきりと見えてしまう私の悪いところだ。シーラにはいいところがたくさんある。けれども、ひとつだけ、自分に痛みをもたらす人と自分のかかわり方を理解する力が欠けている。電話で話したときの私の反応は、彼女にとっては私が責任の所在をすり替えようとしたようにしか感じられなかったのだろう。実際そうだったのだから。というより、私は少なくとも、責任をふたりで分担したいとは思っていたのだから。

数日後、私はシーラに心から謝罪した。彼女がどう感じているかをもっと聞き、それから私に会いたいと思ってくれていた彼女の友達の失望についても話を聞いた。私はそれほどまでに傷つけてしまったこと、それも、あんな大事な機会にそうしてしまったことに対して申し訳ないと思っていると伝えた。私は彼女の言葉をよく考え、長時間ひとりの人だけと部屋の隅に座ったままでいたことに言い訳はできないとも伝えた――それは明らかに思慮の足りない行動だったと。だってそうなのだ。あれは彼女の出版記念パーティーであり、彼女にとっては大舞台に立つ夜だったのだ。それを私が台無しにした。

もちろん、心の底では彼女がこんなふうに言ってくれたらいいのにとは思っていた。「そうね、ハリエット、たしかに私のほうが何か言うべきだったとは思ってる。そうしたら責任の一部でも分かち合えたものね」と。私はその希望は手放した。本物の謝罪とは、相手の傷ついた感情だけに気持ちを集中させることであり、自分のために何が得られるかではない。たとえば、許しであるとか、あるいは私の場合は、全体像の中でのシーラの責任範囲に彼女が気づくかどうかはここでは関係ないということだ。

謝罪と愛

私は、読者の皆さんには決して、自分の負担があまりに大きくなってしまうのに、理不尽な要求に屈することを勧めているわけではない。また、自分に責任のないことに対しても謝るのがよいと言っているつもりもない。むしろ、私が提案したいのは、他人の弱さには寛大な気持ちで向き合ったほうがよいということだ。人は誰かと関係を深めていく際、相手に期待するのはその人の傷を優しくかばってもらうことであって、塩を塗り込まれることではない。それはどんな大事な人間関係においても同じことではないだろうか？

心からの謝罪とは、相手との関係を尊重し、逃げや言い訳や非難の気持ちをにじませることなく、自分に責任のある部分を認めることを意味する。場合によって、そのプロセスは、正義を押し通すこととはあまり関係がなく、人間関係と相手の幸福にいかに多くをつぎ込むかということのほうが大切になってくる。それは私がシーラに対してそうしたように、あなたが愛する人々をそのままの状態で受け入れることであり、たとえ相手の感情が大げさに見えたり、問題の原因をつくっている部分が見えていないように思えるときでも、自分に責任がある範囲については大人の態度として謝るということだ。

謝るときは、心からの言葉で、決して攻撃的にならないように気をつけて。それは、難しくとも価値のあることだ。謝る勇気、そして、賢くかつうまくそれを実行する知恵と明瞭さこそが、有効なリーダーシップ、パートナーとの関係、育児、友情、人としての品位、そして私たちが愛と呼ぶものの中心をなすものだ。それ以上に重要なものがあるのかどうかは、想像することさえ難しい。

謝辞

入念な編集作業に加え、絶えず私を支え、貴重な会話にもお付き合いくださった、マルシア・セブルスカ、ジェフリー・アン・グディー、エミリー・コフロン、そしてカリン・ミリアム＝ゴールドバーグの諸氏にまずはお礼申し上げます。

原稿の各部分を直していく際にご助力いただき、またその作業の途中では電話での問い合わせにも対応してくださった、次の方々にもお礼申し上げます。マリアンヌ・オールト＝リシェ、シャーリー・ボニー、ドリス・ジェーン・チェディアック、ジュリー・シス、アン・コブ、デビー・フレデリック、シーラ・レノルズ、マリアン・サンドメヤー、ラビ・デビー・スティール、ステファニー・フォン＝ヒルシュバーグ。また、トム・アヴェリル、キャロライン・コンガー、ジュディー・クーンツ、スーザン・クラウス、アリス・リーバーマン、リビー・ローゼン、カレン・ロウィンスキー、エレン・サフィアー、以上の方々の数十年にわたるご支援にも感謝いたします。

ジョー＝リン・ワーリーは、1990年秋にはじめて仕事でご一緒して以来の私のマネージャーであり、エージェントであり、友人でもあります。彼女の有能さと私の仕事に対する献身は、揺らぐことなく続いています。公私ともに彼女のパートナーであるジョーニー・シューメイカーからもかけがえのないご支援をいただきました。

本書がタッチストーン／サイモン&シュスターから出版されることになり、私は幸運でした。担当編集者のミッシェル・ハウリーは、熱意を持って私を支えてくださいました。また、ララ・ブラックマンは、制作の最終段階で加わり、素晴らしい仕事をしてくださいました。タラ・パーソンズ、アン・ジョーンズ、ピート・ガルソー、チェリリン・リー、リンダ・サウィッキ、ケルシー・マニング、シダ・カー、以上の方々にも、それぞれの重要な貢献に対してお礼申し上げます。タッチストーン社の社長であり発行人でもあるスーザン・モルドーとお仕事でご一緒させていただく機会に恵まれたことは、幸運であると同時に栄誉でもあります。彼女の夫のビル・シンカーは、じつはずいぶん昔に、私の原稿を出版できる見通しが立たずにいたときに、最初の出版の機会をくださったその人でもありました。スーザンとビルが、出版業界の素晴らしさを代表するふたりであると思っているのは私ひとりではありません。

　私が夫のスティーヴと出会ったのは、60年代の終わり、ニューヨーク市立大学の博士課程で臨床心理学を学んでいたときでした。それから何十年にもわたって彼の愛と仕事の同志でいられたことは、幸運としか言いようがありません。彼には、私が出版した全ての本に優れた編集の腕を貸してくれたこと、そして全てのことに感謝しています。

　私たちの息子、マットとベンは、小さいころは彼らについて私が執筆を続けるのに耐え、いまでは私のほうが助言を求める立場になりました。職場の難しい人間関係の問題についてのマットの明晰な考え方には大いに助けられています。次男のベンは、私が最初の著書を書いたころには、まだおむつが取れるか取れないかだったのが、いまでは一人前のライターになって、この本の執筆においても思慮深い批判を述べてくれました。このふたりのことを、私はとても誇りに思っています。そして、この本は、彼らと、彼らの素晴らしい妻たち、そして子どもたちに捧げたいと思います。

　私の仕事に対していつも、温かく寛大な反応を寄せてくださる熱心な読者の皆様にも感謝の意を伝えたいと思います。セラピーの患者の皆さんには、キャリアの初期から私を信頼してさまざまなお話を聞かせていただき、またその勇気にいつも刺激を受けています。彼らがいなければ、本を書くことはありませんでした。

最後になりますが、私の仕事を高く評価してくださったブレネー・ブラウンのお名前もここに記しておきます。たくさんの新しい読者が私の本を手に取ってくださるようになったのは、彼女の寛大な精神のおかげです。研究者、ライター、そしてストーリーテラーとして彼女自身の貢献は、とどまるところを知りません。許しと信頼の再構築という課題に関しては、ジャニス・エイブラムズ・スプリングの本がきわめて重要なものになりました。効果的な謝罪というテーマでは、アーロン・ラザールとジョン・ケイドーの著作がその分野の古典だと考えています。それから、鋭い観察眼を持ったウェブサイト『SorryWatch』のスーザン・マッカーシーとマジョリー・インガルには、オンラインでのディスカッションでご意見をいただきました。ありがとうございます。

そして、ひとりひとりお名前をあげることはできませんが、この数十年のあいだ、私の考え方を豊かにし、執筆をうながし、そして、ない時間を割いて、広い心でお付き合いくださった多くの方々にもお礼申し上げます。謝辞に記すだけではとうてい足りないほど、感謝を伝えたい人がたくさんいることを、私はうれしく思います。

しらしさの発見)』園田雅代訳、誠信書房（1993年)》および Harriet Lerner, *The Dance of Intimacy*《H・G・レーナー『親密さのダンス：身近な人間関係を変える（わたしらしさの発見)』中釜洋子訳、誠信書房（1994年)》を参照。著者の本は全て家族システム理論についての Murray Bowen の教えと、Jean Baker Miller、Marianne Ault-Riche、Monica McGoldrick をはじめとするセラピストの方々、そして The Women's Project in Family Therapy (Betty Carter, Peggy Papp, Olga Silverstein, and Marianne Walters). に負うところが大きい。

＊13 Ellen Wachtel, *We Love Each Other, But . . .* (New York: St. Martin's Press, 1999) , p. 14.

＊14 研究者の John Gottman は、批判、侮蔑、自己防衛、かたくなな拒絶は、結婚生活の心臓部にズカズカと踏み込み、壊してしまうことのある「ヨハネの黙示録の四騎士」であると結論づけている。

＊15 レッティとキムの話の冒頭部は、Harriet Lerner, *The Dance of Connection*. 初出。

＊16 Claudia Rankine, *Citizen: An American Lyric* (Minnesota: Graywolf Press, 2014) , p. 18.

＊17 Janis Abrahms Spring with Michael Spring, *How Can I Forgive You?* (New York: William Morrow Paperbacks, 2005).

＊18 "許さない" 決断については、Roxanne Gay, "Why I Can't Forgive Dylann Roof," *The New York Times*, June 23, 2015. を参照。

＊19 精神的な面から見た許しと無条件の愛が持つ変革を起こす力については、Carolyn Conger, *Through the Dark Forest* (New York: Plume, 2013) , pp. 137-156. 参照。また、仏教の説く慈悲の心を伝える Sharon Salzberg の著書も参照。

＊20 Anne Lamott, "Have a Little Faith," *AARP The Magazine*, December 2014 / January 2015.

＊21 Janis Abrahms Spring quote from *How Can I Forgive You?*, p. 3.

＊22 治療において、許しをうながす問題点ついて、論理的に明快な説明をくださり、また本章に関して寛大な支援をくださった、Julie Cisz に大変感謝しています。

＊23 Janis Abrahams Spring with Michael Spring, *After the Affair* (New York: William Morrow, 1997). ジャニス・エイブラムズ・スプリング、マイケル・スプリング『もう一度ベストカップルを始めよう：浮気も不倫も乗り越える幸せのセラピー』永井二菜訳、パンローリング（2012年）

＊24 " 警戒心の転移（The transfer of vigilance)" については Janis Abrahams Spring, *How Can I Forgive You?*, pp. 124-125.

＊25 アイルランド系の家族については、Monica McGoldrick, Joe Giordano, Nydia Garcia-Preto, eds., *Ethnicity & Family Therapy, Third Edition* (New York: The Guilford Press, 2005) , pp. 595-616. に記載がある。また、Monica McGoldrick, *You Can Go Home Again* (New York: W. W. Norton & Company, 1997). も参照。

＊26 EMDR (Eye Movement Desensitization and Reprocessing：眼球運動による脱感作と再処理法）は、トラウマの治療と、さまざまな種類の心理的苦痛の軽減に効果が期待できる総合的な心理療法である。

原　注

＊1　*New Yorker* cartoon, by Zach Kanin. を参照。

＊2　うまい謝罪と下手な謝罪をテーマに、公的および政治的な領域までカバーするものには、Aaron Lazare, *On Apology* および John Kador, *Effective Apology*《ジョン・ケイドー『生き残るためのあやまり方』上原裕美子訳、主婦の友社（2010年)》がある。Susan McCarthy と Marjorie Ingall によるウェブサイト SorryWatch.com および Twitter@SorryWatch も参照。

＊3　Maggie Nelson, *The Argonauts* (Minnesota: Graywolf Press, 2015) , p. 98.

＊4　Carol Tavris and Elliot Aronson, *Mistakes Were Made* (*but Not by Me*) (New York: Mariner Books, 2015).

＊5　Gary Chapman and Jennifer Thomas, *The Five Languages of Apology* (Chicago: Northfield Publishing, 2006). ゲーリー・チャップマン、ジェニファー・トーマス『赦しをもたらす5つの方法』ディフォーレスト千恵訳、いのちのことば社（2008年）

＊6　キャサリンとディーのエピソードは、Harriet Lerner, *The Dance of Connection* (New York: Harper-Collins, 2002). 初出。

＊7　韓国社会における公的な場面での謝りすぎについては、Ed Park, "Sorry Not Sorry," *The New Yorker*, October 19, 2015. 参照。

＊8　完璧主義を手放すことについては、*The Gifts of Imperfection* (Minnesota: Hazelden, 2010) ほか、Brene Brown の著作を参照。

＊9　「罪が行動についてのことであるのに対して、恥は存在についてのことである」。Helen Block Lewis は、古典といえるテキスト *Shame and Guilt in Neurosis* (Connecticut: International Universities Press, 1971). でこう述べている。恥を乗り越えるというテーマで最近、人気のある本としては、Harriet Lerner, *The Dance of Fear* および *The Dance of Connection*、Brene Brown, *Rising Strong*《ブレネー・ブラウン『立て直す力：RISING STRONG 感情を自覚し、整理し、人生を変える3ステップ』小川敏子訳、講談社（2017年)》、*Daring Greatly* および *The Gifts of Imperfection* がある。

＊10　加害者の自尊心の基盤を広げ、自分のしたことに対する責任を受け入れるよううながすことについては、著者の友人で同僚の Julie Cisz との会話、Alan Jenkins, *Invitations to Responsibility*《A・ジェンキンス『加害者臨床の可能性：DV・虐待・性暴力被害者に責任をとるために』信田さよ子、高野嘉之訳、日本評論社（2014年)》をはじめとする同氏の著作、そして、Rhea Almeida らの研究に負うところが大きい。恥の感情が、加害者の責任をとる能力をいかに阻害するかについての著者の研究は、*The Dance of Connection* が初出。

＊11　Ellen Wachtel, *We Love Each Other, But . . .* (New York: St. Martin's Press, 1999) , p. 85.

＊12　大切な人間関係における勇気ある行動については、Harriet Lerner, *The Dance of Anger*《H・G・レーナー『怒りのダンス：人間関係のパターンを変えるには（わた

著者略歴

ハリエット・レーナー
(Harriet Lerner, Ph.D.)

女性と家族関係の心理学を専門とする、米国内でもっとも愛され、尊敬を集める人間関係のエキスパート。心理学者として20年以上にわたりメニンガー・クリニックに勤務し、現在は、個人で開業している。ニューヨークタイムズ・ベストセラーとなった『*The Dance of Anger*』(邦訳『怒りのダンス』誠信書房)をはじめとする著書は、世界で300万部以上を売り上げている。夫とともにカンザス州ローレンス在住。大きくなった2人の息子がいる。
Twitter アカウント　@HarrietLerner.
facebook　https://www.facebook.com/marriagerules
公式サイト　https://www.harrietlerner.com

訳者略歴

吉井智津

翻訳者。神戸市外国語大学英米学科卒業。訳書に『大脱走 英雄〈ビッグX〉の生涯』(小学館)、『インビジブル・インフルエンス：決断させる力』(小社)、『小さなモネ―アイリス・グレース―自閉症の少女と子猫の奇跡』(辰巳出版)などがある。

こじれた仲の処方箋

2018年（平成30年）3月1日　初版第1刷発行

著　者　ハリエット・レーナー
訳　者　吉井 智津
発行者　錦織 圭之介
発行所　株式会社東洋館出版社
〒113-0021　東京都文京区本駒込 5-16-7
営業部　TEL 03-3823-9206 ／ FAX 03-3823-9208
編集部　TEL 03-3823-9207 ／ FAX 03-3823-9209
振　替　00180-7-96823
U R L　http://www.toyokanbooks.com/

装　幀　小口 翔平 + 三森 健太（tobufune）
装　画　丹下 京子
本文組　宮澤 新一（藤原印刷株式会社）
印刷・製本　藤原印刷株式会社
ISBN978-4-491-03438-6　／ Printed in Japan